きくらげたまご

町中華の宝石

耳町内会・編

もくじ

表紙＝中国料理 永新
写真＝星川洋助（玉子区木耳町内会）

design = Erisa Yamashiro

＊本書に掲載している店舗情報、メニュー、値段などのデータは、2023年２月現在のものです。

「きくらげたまご」とは

「木須肉」ムースーローのこと。あるいは、そこから派生した料理。「木須肉」はきくらげと豚肉と玉子を炒めた料理だが、本書では、「きくらげとたまごを炒めた料理」で、ほかにどんな食材を入れてもよいものとする。

（詳しくは「きくらげあらかると」Ｐ１０４を参照のこと）

「きくらげたまご」のはじまり

文＝小林淳一（玉子区木耳町内会）

私は「町中華で飲ろうぜ」（BS-TBS）をこよなく愛していた。ひとりで、町中華に行けば、まずは633（ロクサンサン 大瓶のビールを指す）を頼み、時には「アタマだけもらえる?」（中華丼なら、ごはんなしの中華あんかけだけ）とお願いする。玉袋筋太郎さんの影響を受けていた。そんな2021年9月13日、「町中華で飲ろうぜ」後半「緊急企画！キクラゲ玉子編」を見た。高田秋さんの担当回。このとき、何かが閃《ひらめ》いた。

「きくらげたまご、いけるんじゃない?」。秋さんの食べっぷりと番組のテーマの選び方。ゆらりとした衝撃があった。「きくらげたまご」をほとんど食べてこなかった人間が、その書籍をつくりたいと真剣に想った。

日々、「きくらげたまご」を食べる機会は増えたが、企画は自分の中に閉まっていた。そんなとき、本書を書くことになる相田冬二さんと飲（や）った。

「きくらげたまごの書籍、考えているんだけど?」

「それ、いい。僕がやりたい。僕がやる」

飲み会は終わり、そんな話もあったな、くらいに思っていたら相田さんからワード2枚の企画書が送られてきた。その食の知識と「食べログ」投稿時代に「食べログ文学」と呼ばれた相田さんには常々、グルメの仕事をやったほうがいいと言っていた。これはやるしかない。

さらにふたりが好きな「ザ・タクシー飯店」（テレビ東京）がはじまり、その1話では、渋川清彦がきくらげたまごを食べていた。もう行くしかない。今回担当していただいた東京ニュース通信社の影山伴巳さんに話を持っていったら「中華で特定のメニューの本はないから面白い」と言っていただいた。決まった。カメラは星川洋助さん。1冊をぜんぶ、人と町と料理のドキュメントとして1人でやってほしかった。

取材。小宮山雄飛さんが言ってくれた。

「へんな企画だなーって思ったの。きくらげたまごだけで1冊って、普通やらないでしょ。でも、へんだし、面白い。参加するしかないでしょ」

へんな企画は25軒をめぐった——。

「町中華で飲ろうぜ」姐さん
高田秋が、「桂林」（錦糸町）に行って、
大好きなきくらげたまごを
いただきます。

文＝相田冬二（玉子区木耳町内会）
写真＝星川洋助（玉子区木耳町内会）
ヘア＆メイク＝榊ひかる

桂林

「いい匂い〜ごはんにのせて食べたい！」
　きくらげたまごとのツーショット。彼女は歓声をあげた。その素直な反応に、誰もが心温まった。
　高田秋さん。BS-TBSの人気番組「町中華で飲ろうぜ」で、玉袋筋太郎さん、坂ノ上茜さんと共に出演。南関東を中心に、全国各地の町中華を訪れている通称「町中華姐さん」である。

姐さんとは思えぬ初々しさ。気《き》っ風《ぷ》のいい食べっぷり、飲みっぷりは、2019年の放送開始から変わることなく、ずっとみずみずしい。町中華ファンのみならず、町中華には縁のなかった女性や若い人への訴求力もあり、町中華のイメージをカジュアルに拡張した立役者でもある。

　高田さんは大のきくらげたまご好き。2021年に放送された「緊急企画！　キクラゲ玉子編」という回では、高田さんが訪れた3店で特集が組まれたこともある。

　つまり、「町中華姐さん」は「きくらげたまご姐さん」でもある。いや、いっそ「きくらげたまごの女神」と呼びたい。

　錦糸町「桂林」は、高田さんお気に入りのきくらげたまごがあるお店。

　まずは女将、木下由美さんと再会を喜び合う。木下さんが「おかげで番組観た人が遠方からも来てくれるようになったよ」と伝えると「ホントですか！」と瞳を輝かせる。

　料理人が厨房で、きくらげたまごを作っているときも、カウンターからキラキラしたまなざしで見守っている。

「いつも番組、観てるよ！　実物はさらに可愛いね！」

　カウンターの客が嬉しそうに声をかけると、ニコニコ振り返ってくれる。

　仲良しになれる魔法を、女神は有する。

「桂林」さんのは、
ビールでも、ごはんでもいいな。
食べ応えがありますね

「ふわっとしたたまご。きくらげの食感。タケノコの食感。その全部が口の中に入る食感が大好き。塩胡椒ベースのあっさりしたきくらげたまごもあれば、ココみたいに味を濃いめにして、つまみでもイケるようにして出すところもある。もうちょっと優しめで、ごはんに合わせるところもありますよね。『桂林』さんのは、ビールでも、ごはんでもいいな。食べ応えがありますね」

　高田さんには定番のコースがある。

「まず、チャーシューをつまみでいただきます。メイン料理の二大巨頭が、きくらげたまごと、青椒肉絲《チンジャオロースー》。全く飽きないですね」

　きくらげたまごを愛し、きくらげたまごに愛されている女神は、町中華という場にも愛されている。その様子も「町中華で飲ろうぜ」の大きな安らぎだ。

「常連さんとか、お店の人と会話しながら、食べたり飲んだりできるのが町中華の最大の魅力。1人で行っても、1人じゃない。さっきもそうですが、私がポンコツのせいか（笑）、気さくに話しかけていただけることがうれしくって。プライベートでもガンガン行ってます。取材で行った店に、1人で行くと『おかえり～』とか、『よくまた来てくれたね』とか言われたりする。ポスターとかサインもずっと飾っていてくれる。愛があるなぁ」

その「愛」を、彼女は「実家」と呼ぶ。

「東京でも初めて降り立つ場所がたくさんあるんです。でも、お店に行くと、昔から知っているような気持ちにさせてくれる。お店の雰囲気、お客さん、お店の人……本当の実家は遠いけど（北海道江別市出身）、関東圏にも、全国にも、いくつも実家があるような。最近は特にそう思いますね」

高田さんは、人の心を大切にしている。

「『桂林』さんに来るのは2年ぶりだったんですけど、お店に入った瞬間、女将さんが『秋ちゃん！』と手を振ってく

お店に入った瞬間、
女将さんが『秋ちゃん！』と
手を振ってくれた。
あれが、私が想う町中華らしさ。
この雰囲気が、実家、なんですよ

知ってることは
ドヤ顔で言う（笑）。
で、美味しい時は美味しい。
そのまんまでやっています

れた。あれが、私が想う町中華らしさ。この雰囲気が、実家、なんですよ」

それにしても高田さんは、どうしてあんなに美味しそうに食べたり飲んだりできるのだろう。

「ほんとに美味しいから！ ほんとに好きなんだと思いますよ。お酒も町中華も、ほんとに好きなの。美味しそうに食べるね、ってよく言われるんですけど、プライベートでもあんな感じで、変わらないんです（笑）。シンプルに好きなんだと思います。番組を見た母親に『あんた、素でやってるけど、大丈夫なの？ もっと上品にしたら？』と言われたけど、無理なんです（笑）。作らないし、作れない。そのまんまでやりたい。取り繕っても視聴者の「黒帯」（玉袋さんが番組でよく口にする「上級者」の意）さんたちにはすぐわかるし。知らないことは知らないし、わかんないことはわかんない。知ってることはドヤ顔で言う（笑）。で、美味しい時は美味しい。そのまんまでやっています。それしかできないので、そうしているだけですよ」

「桂林」の「木須肉（ムースール）」。青く縁取りされた八角形の皿。きくらげとたまごの上で、タケノコもインゲンも笑っていた。高田秋さんのように、食べてくれれば、きっとうれしい。
「私の身体は半分くらい町中華で出来てるかも？ そのうち、きくらげたまごはかなりの分量。今度はぜひ、青椒肉絲の本に呼んでください！（笑）」

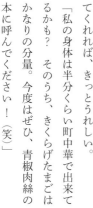

高田秋

「町中華で飲ろうぜ」(BS-TBS)に出演中。"町中華姐さん"として人気を集めている。お酒が好きで、利酒師の資格を持ち、「おとなの嗜呑」(BSJapanext) に出演中。また、競馬キャスターとしても活躍、BS イレブンの競馬中継に出演している。

「町中華で飲ろうぜ」(BS-TBS) 情報

番組プロデューサーから情報が寄せられた。「2023 年 4 月には『町中華で飲ろうぜ　ファンクラブ』を開設予定です。番組放送時に会員が集まれるリアルタイムチャットルーム、オリジナル映像コンテンツ、番組グッズの販売・プレゼントなど、様々なサービスを展開しファンとの繋がりを深くできればと考えています。また、先々では、これまで番組で撮影をさせていただいた店々にご協力をいただきまして、『町中華フェス』を開催できればと検討しております。青空の下、ビールを飲りながら町中華を楽しむ、最高の時間と空間を提供できればと思っています。ご期待ください」

2023 年 4 月より「町中華で飲ろうぜ」の放送時間が変更になります。 毎週月曜よる 10 時より放送。

桂林（錦糸町）

東京都墨田区太平 4-2-1
☎ 03-3624-6956
［水～月］11:00 ～ 27:00
火曜休み
「木須肉　ムースール
（きくらげ玉子炒め）」650 円（税込）

「町中華姐さん」

高田秋の魅力。そして、これからの「町中華」

「町中華で飲ろうぜ」演出・プロデューサーの奥田幸紀さんに番組と高田秋さんについて聞いた。

ある中華屋さんで、若手の芸人たちを連れて来ていた玉さん（玉袋筋太郎さん）に、仲良くしていた放送作家が遭遇しました。すごく軽快なトークをしながら飲まれていたのを見てこれを番組にしたら面白くなるなと。

ちょうど「町中華」という言葉が出始めた頃でした。

「企画書通りました。こんな番組やりたいんですけど、いいですか?」

『どっきり』でしょ? カメラ、どこかに仕掛けるんじゃないか。だって、これ、企画としてハマりすぎじゃん!」

その時の玉さんの反応について、今でもよく2人で話します。

町中華は昭和っぽい。なのでドーナツ盤のレコードにたとえて、A面、B面にしようと考えました。B面では、玉さんと真逆のことをやろうと。

そこで町中華を知らない若い女性2人を登場させることにしました。

「1億人の大質問!? 笑ってコラえて!」で「はしご酒」の企画があり、観ていたら高田（秋）さんが出ていて。いいなと思った。その映像を奥さんに見せたところ「いいね」と。女性から見てもいいな、と思える女の子だった。

「町中華って知ってる?」

「知らない」

初めて会ったときの無関心な様子もよかった。これだ！ と。坂ノ上（茜）さんもそうですね。

田舎から上京して来たコがたまたまモデルをしている。あくまでも上京者の1人で、家庭の愛情というものを知っている。だから町中華のよさを理解できるんだなと。それが彼女の最大の魅力。きくらげたまごは、最初に「啓ちゃん」でハマった。そのあと「桂林」さんと出合って、双璧だと。共通点はオイスターソース。町中華姐さんはオイスターソースベースのものだとツボに入るようです。

玉さんも私も、町中華を応援したいと思っています。飲食店、特に個人店は大変ですよね。実際、取材したお店の中にはなくなってしまったお店も多くあります。でも、新たな希望を抱いて、この業界に入ってくる若い人もいる。「桂林」さんの女将さんは、実家が町中華。そのDNAで、今ここにいる。昔ながらの町中華はもちろん、若い人たちのことも応援したい。「啓ちゃん」もそう。その人たちがカッコよくて、飲食店をやりたいと思う若い人たちがもっと生まれること。それがこれからも「町中華で飲ろうぜ」を続けるモチベーションかもしれません。

きくらげたまごめぐり

文＝相田冬二（玉子区木耳町内会）
写真＝星川洋助（玉子区木耳町内会）

厳選の**20**軒
ここに、
ありました。

おけ以（飯田橋）

→ P16

中華料理 帆（馬喰町）

→ P20

秀永（高田馬場）

→ P24

中華 兆徳（本駒込）

→ P28

なかじま（渋谷）

→ P32

生駒菜館（菊川）
→ P36

龍口酒家（幡ヶ谷）
→ P40

炭火と中華 九尾（板橋区役所前）
→ P44

華興（西巣鴨）
→ P48

中国菜 膳楽房（飯田橋）
→ P52

緑町 生駒（菊川）
→ P56

鳳凰軒（馬喰町）
→ P60

中国料理 永新（麻布十番）
→ P64

滙豐齋（祐天寺）
→ P68

山水楼（代々木）
→ P72

かおたん（赤坂）
→ P76

龍王（新板橋）
→ P80

岐阜屋（新宿西口）
→ P84

餃子荘 ムロ（高田馬場）
→ P88

水新菜館
水新はなれ 紅（浅草橋）
→ P92

おけ以《い》（飯田橋）

「餃子の店」がかたちづくる、くつろぎの味。
湯船で足を伸ばす、そんな安らぎと日常

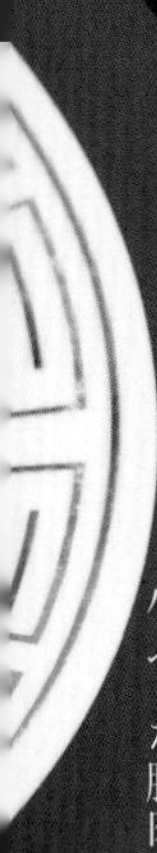

暖簾に染め抜かれた「餃子の店」の文字は、店名より大きい。だが、飯田橋「おけ以」は、餃子だけの店ではない。かなりの数の一品料理があり、それぞれにファンがいる。「ムシュロウ」もそのひとつ。なんとも愛おしい響きだが、これはきくらげたまご炒めのこと。

くつろぎの味。包まれるような温もりがある。突っ走ることのない熱に、さり気ない澄まし顔。絶妙な適温が、東京の中華の輪郭をかたちづくる。

そっとつまみたくなる。箸なじみのよい素直なたまごのありようを、丁寧に切り揃えられた長ネギがさり気なくサポートする。

上手い。そして、美味い。

小ぶりな豚肉も箸と仲良しだ。くっついてくる。たまご、ネギ、お肉。ソフトな感触が渾然一体となって、口の中に醤油ベースの幸せを沁みわたらせる。湯船で足を伸ばす。そんな大切な安らぎ。でも、日常。

きくらげもまた、構えることなく、でしゃばることなく、ちょうどいい大きさと厚みで、みんなを見守る。きくらげとたまご、きくらげとネギ、きくらげとお肉。どの組みあわせを試してみても、ニマニマしてしまう。

誰が来たって大丈夫。誰といたって大丈夫。それが、くつろぎの味なのかもしれない。

生姜の細やかでやさしい風味が、料理全体をつないでいる。ムシュロウ。もう1度、つぶやくと、親近感が生まれる。

木樨肉
ムシュロウ

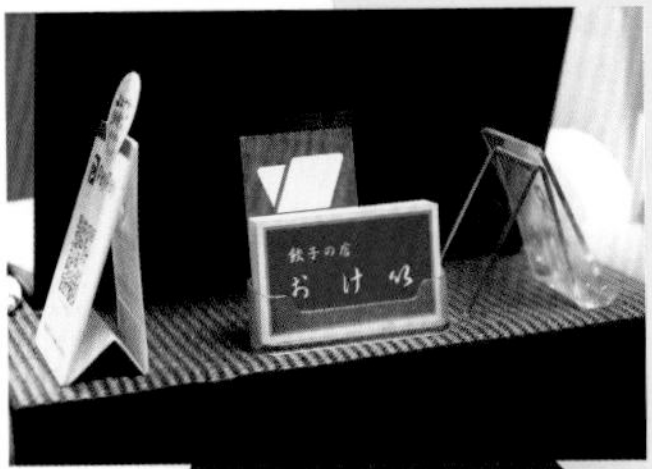

たまごには「他の炒め物より、ちょっとやさしく」火を通す

昭和29年創業。神保町から飯田橋に移ったのは、平成元年のこと。

名実共に「餃子の店」として知られ、海外からも客が訪れる「おけ以」だが、現在のオーナー、馬道仁《まみちひとし》さんが店を引き継いだ平成17年、事情はまったく違った。二級建築士でもあり、今も「美能屋工務店」の代表取締役を兼ねる馬道さんは当時、店の解体を依頼されたという。だが、風前の灯と化した「餃子の店」の内実を建て直すことを建築士は選んだ。

馬道さんはかつての餃子の味を知っていた。が、昔の美味しさは失われていた。レシピはそのまま、作る手順を変えた。餡のお肉を一晩寝かせる。少し熟成させた翌日、野菜とあわせる。「カレーのように」と馬道さんは微笑む。二日目の餃

子。二足の草鞋《わらじ》の無理が漂わない理知的な熱意が「おけ以」を復活させた。餃子の皮をこねる地道さで。

ムシュロウは、一品料理の中でも人気が高い。他の客が頼んだ匂いに惹かれ、つい追加する人もいるらしい。くつろぎの連鎖。

長ネギの薄皮を外し、辛みを抑える。「難しいアレンジじゃないから」と決して仕事を誇らない。たまごには「他の炒め物より、ちょっとやさしく」火を通す。その接し方にも、食材を程良く寝かせる思いやりがあった。

おけ以（飯田橋）

東京都千代田区富士見 2-12-16
☎ 03-3261-3930
［月～土］11:30 ～ 13:50（L.O.）
17:00 ～ 20:40（L.O.）
日曜・祝日・第三月曜休み
「ムシュロウ」940 円（税込）

中華料理《ちゅうかりょうり》　帆《ほ》（馬喰町）

湖州料理ならではの柔らかな味わい、紹興酒がめちゃくちゃフィットする

都営新宿線「馬喰横山」駅で下車。少し歩くと、お気に入りのセレクトショップがある。一目惚れだった。何かありそうな雰囲気にすいこまれ、初入店。パリのジュエリーデザイナーがハンドメイドしたお皿を購入した。アンシンメトリーで不定形なデザインが新鮮だった。それ以来、時々訪れている。

「中華料理 帆」は、そのすぐそば。稀有な店。初めて食べる料理がたくさんある。友人が教えてくれなければ、知らないままだった。彼は、馬喰町に住みたい、とよく話す。わかる。あのショップと「帆」が共棲する町には、すがすがしい風が吹いている。

「帆」のおねえさん、と呼びたくなるチャーミングな女性の客あしらいが気持ちいい。湖州料理。なじみのない中国料理の店に緊張する前に、颯爽とリードしてくれる。たとえば、紹興酒はこの18年ものがいいよ、と軽やかに導く。それも常温で。小さめ厚めのグラスで。なんだ、なんだ、この安心感。

「帆」の「豚肉とキクラゲ玉子炒め」は、紹興酒色のソースを身にまとっている。インパクトのあるカラーだが、口に含めば印象は一変。湖州料理ならではの柔らかな味わいに、ほだされる。きくらげも、豚肉も、大きめだが、たまごがふんわり包み込み、じんわり癒される。そして、紹興酒がめちゃくちゃフィットする。ワインのマリアージュには料理に酒を色で合わせる秘術があるが、この料理と紹興酒は色合い以上の相性を見せている。

豚肉とキクラゲ玉子炒め

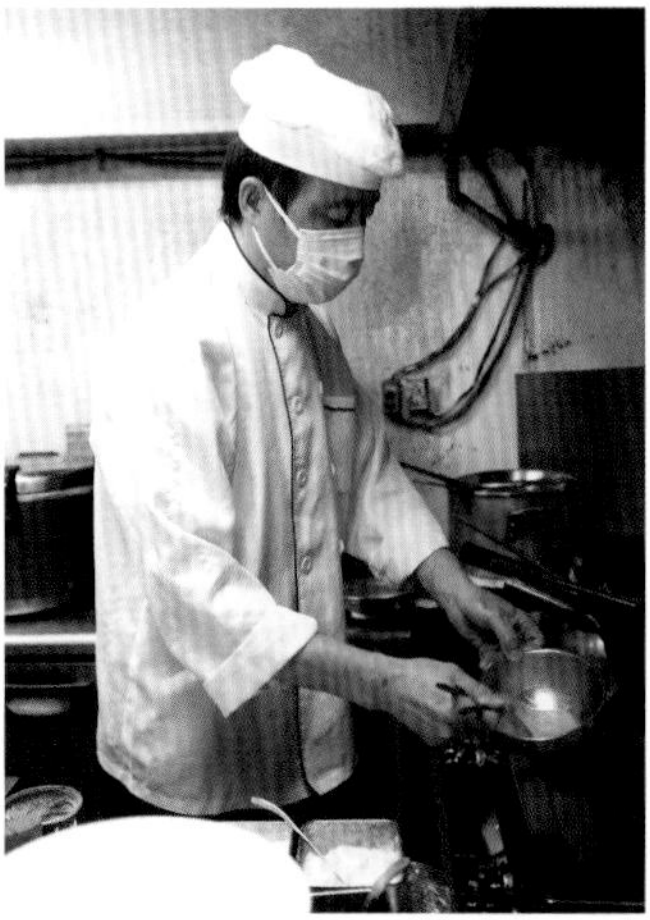

「帆」という町が、遠い湖州を身近に感じさせる

　フードデリバリーでも高い人気を誇る。「豚肉とキクラゲ玉子炒め丼」は毎日頼む人もいるほどだという。店でも「きくらげの、食べたーい！」とよく声がかかると、「帆」の女将、韓紅《カンコウ》ピンさんは言う。都内でも珍しい湖州料理を提供。「うちの料理はヘルシーが一番大事。塩と油は控えめで、優しい味です」。上海の隣に位置する湖州の郷土料理。上海料理と言えば海鮮だが、湖州料理はほとんど海鮮を使わない。上海よりも穏やかで滋味深い。「鶏肉の緑茶煮込み」や「湖州風水焼きハンバーグ」など、ここでしか出合えない味が揃う。

　湖州のホテル出身の特級料理人、許《きょ》さんは、広東の本場でも研鑽を積んだ。豚肉とキクラゲ玉子炒めは、広東料理だが、ベースには湖州の味わいがある。「帆」ならではの豊かなフュージョン。韓さんによれば許さんは「頭の中が全部料理の人」。そんな許さんのオリジナル料理を求める客たちが今日も集う。

　ここに来ると安心します、と伝えると、「私の方がお客さんに安心させてもらっています。みんな、親戚みたい。大好きです」と韓さん。その空気は、一見客にも優しい。常連客の温かさも「帆」という町を創り、遠い湖州が身近に感じられる。

中華料理 帆（馬喰町）

東京都千代田区東神田 1-3-5 1F
☎ 03-5829-6080
［月～土］ 11:00 ～ 14:30・17:00 ～ 22:30
［日・祝］ 17:00 ～ 22:30
「豚肉とキクラゲ玉子炒め」1078 円（税込）

秀永《しゅうえい》（高田馬場）

オレンジ色の汁が皿に敷き詰められ、
切り揃えられた小松菜の緑が清涼感を呼ぶ

「好きな人はこればっかりだよね」

高田馬場「秀永」の店主、荒谷稔さんはひょうひょうと語る。

4段から成る店先のウインドウの左端に、その料理は鎮座している。

「きくらげは、身体にいいからね。髪の毛にいいんだって。中国人が言ってたよ」

店の看板は、オレンジに緑の文字で「秀永」。そのヴィヴィッドな色彩感覚は、「木須肉（キクラゲと卵・肉炒め）」のルックスにも生きている。

「きくらげの黒と、たまごの黄色、青菜の緑の色合いがいいからね。見栄えも、栄養バランスもさ。青菜は入れない店もあるけど、ウチはお野菜類がメニューに多いしね」

「秀永」の木須肉は、オレンジ色の汁が皿に敷き詰められ、その上に山盛りのきくらげたまごがのっかっている。ボリューミーだが、きちんと短めに切り揃えられた小松菜の緑が清涼感を呼ぶ。オレンジに緑。看板と同じカラーコーディネートだ。オレンジ色は豆板醤由来かもしれない。

「豆板醤は入れるけど、味は優しいのかな？ 上海の家庭料理の作り方だよ。ウチにいた中国人に教えてもらった。ずっとその作り方」

きくらげは身体にいい、と教えてくれた人と同一人物だろうか。かつては厨房に2人で立っていたが、荒谷さんは15年ほど前から1人で中華鍋を振っている。

「1人で作ってるから、味は安定してると思うよ」

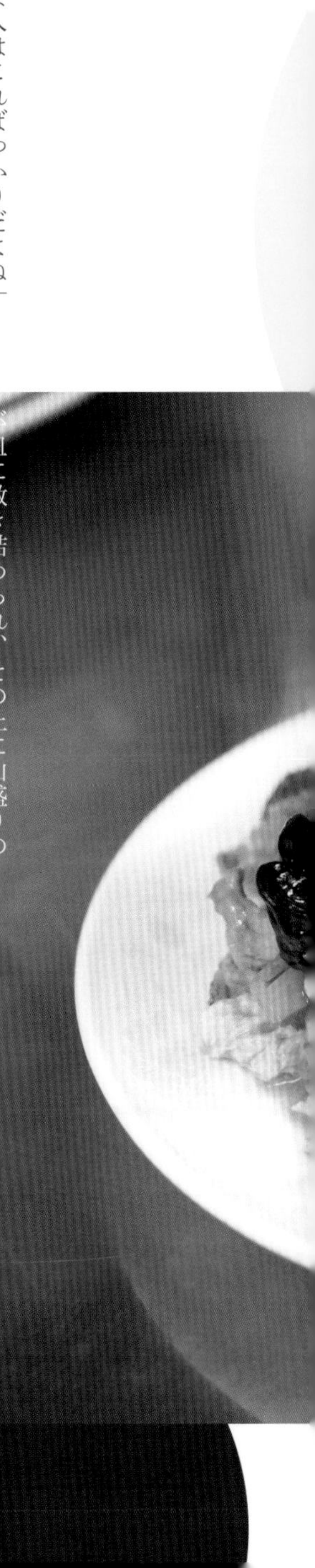

木須肉 ムースーロー

木須肉が続くこともある。だって、そそるし、たまらなく美味しいから

食べ始めると箸が止まらない。かなりの量なのに、リズミカルにパクパクいけてしまう。

ピリ辛の汁は抑制が効いていて、あくまでも日本的な旨味。大胆に盛り付けられたきくらげも、この汁を十分にまとい、噛み締めるほどに味が出る。

秀逸なのは、小松菜と、小口切りにした長ネギで、たまごを挟む呼吸。ビジュアル的には小松菜が前に出るが、一見控えめなネギには汁がよく染みており、まるで夫婦（めおと）のような働きで、しっかりめのたまごをサンドイッチしている。そこに食べ応えのある豚肉が加わり、オレンジの汁気にまみれながら、あっという間に平らげることになる。隠し味程度のニンニクと生姜の仕事もお見事だ。

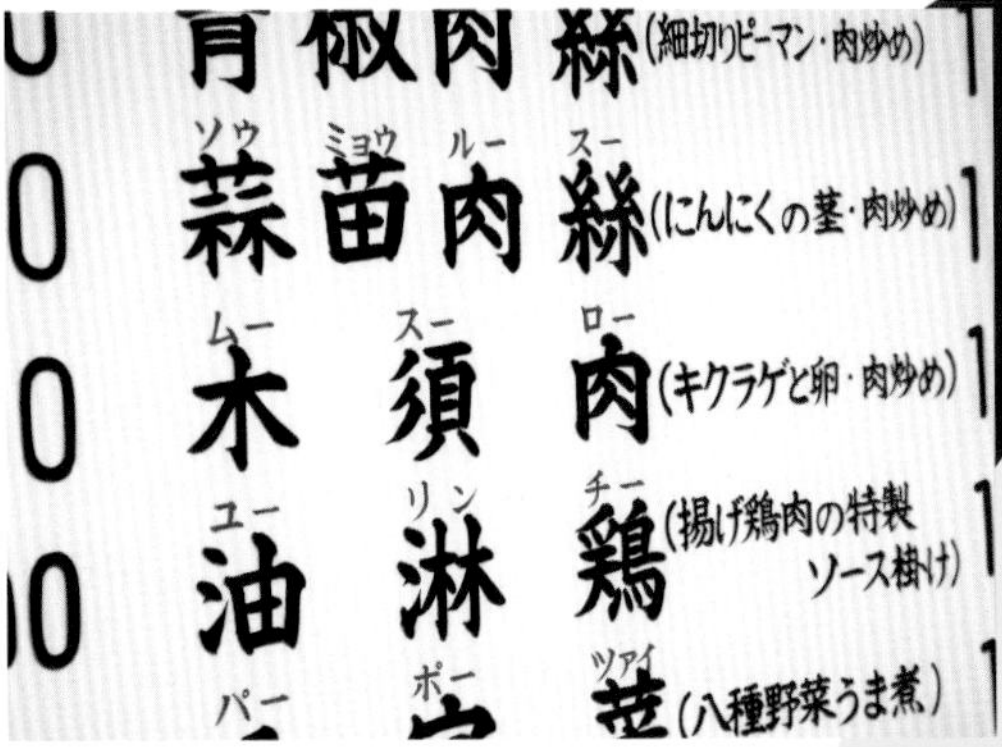

パワフルというより、スピーディー。濃厚ではなく、軽快。

「なぜか、同じメニューが集中することがあるんだよ。もっと仕込みを準備しておけば良かった、いまだにそんなことを思うよ。お客さんって、店に入ると、食べてる人を見て頼んだりするからね。この気候で何でまた、この料理？　今、作ったばっかりじゃん！　って」

荒谷さんは嬉しそうだ。

きっと、木須肉が続くこともあるだろう。仕方がない。だって、そそるし、実際たまらなく美味しいのだから。

秀永（高田馬場）

東京都新宿区高田馬場 2-8-5
☎ 03-3208-6258
［月～土］11:30 ～ 14:55（L.O.）
17:00 ～ 21:40（L.O.）・日曜休み
「木須肉」1000 円（税込）

中華《ちゅうか》 兆徳《ちょうとく》（本駒込）

とろとろのたまごと、
やわやわなトマトが手と手をとりあう海

トマト玉子炒め

本駒込と白山が誇る名店には、今日も行列ができている。

町中華ファンなら誰もが「中華 兆徳」の「玉子チャーハン」を1度は食べたいと願っている。もはやそれは、中華の枠を超えた、東京の食文化の華の一つ。いつ食べても、本当に美味しい。

が、この店には隠れた人気メニューがある。「トマト玉子炒め」。店外に貼られている、おすすめをコンパクトにまとめたメニューでも、一品料理の部の二番目にラインアップされている。

夕陽を浴びながら到着したその料理は、息を呑む美しさ。とろとろのたまごと、やわやわなトマトが手と手をとりあう海。その真ん中に、きくらげがぷかんと浮いている。見たことのない心和む情景。口に運べば、思わずにっこり。

塩気はぎりぎりまで抑えられていて、ただただなだらかな食感の中から、たまごそのもの、トマトそのものの味わいが広がる。熱を入れることで食材は生まれ変わる、という料理の原点に出くわす。わかっていた。わかっていたはずなのに、このシンプルな真理の素敵さに、頬が緩む。しあわせなお皿。

ちょこんと、てっぺんにいるきくらげを、つまんでみる。控えめな感触が、たまごとトマトの海を、さらに味わい深くしてくれる。温かい。

朱徳平《シュトクヘイ》さんは、来日してから料理を覚えた。都内の食べ歩きが原点。だから「中国の味じゃないんだ。日本の味だよ」と笑う。

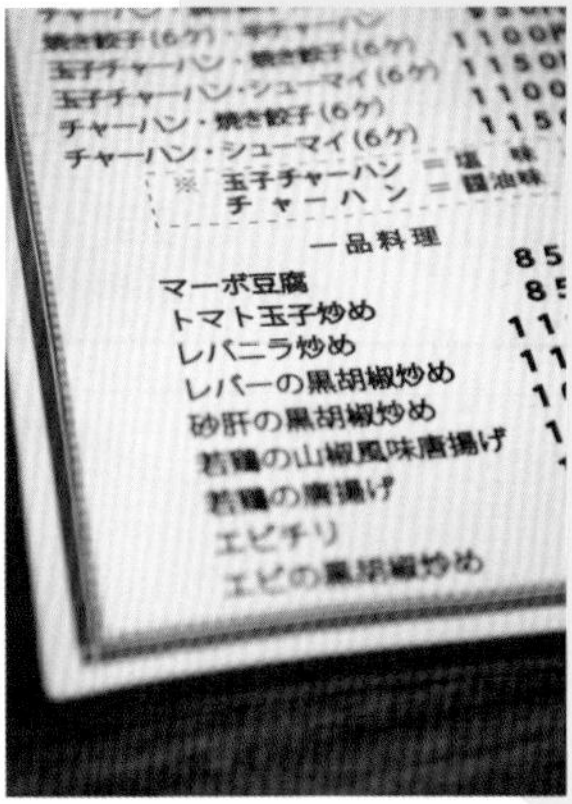

家で作っても こうはならない。 ここだけの「家庭料理」

けれども、トマト玉子炒めには、故郷への想いがある。

「トマト玉子は、中国では家で作るもの。食べてほしいなぁと思ってメニューに出しました。中国では麺にかけて食べる。きくらげは、家では使わない。外で食べる料理なら、身体にもいいし、入れたいなと思って。トマト玉子にはマッシュルームやピーマンもいいけど、きくらげもいいでしょ」

家庭料理。だが、常連客は「家で作っても、こうはならないんだよなぁ」と朱さんに嘆く。

「他のお店と違うとよく言われるけど、ウチのトマト玉子がなぜ美味しいのか、わからないよ。でも、美味しいよね。僕も週に2回か3回は食べる」

　トマト玉子炒めにも、玉子チャーハンにも、胡椒は使わない。

「子供にも食べてほしいから。胡椒が苦手な人にも」

　この思いやりに、中国の味でも、日本の味でもない、朱徳平の味がある。

「日本語あまり話せないから、常連さんが来てくれても『ありがとうございます』しか言えないんだよ。だから、美味しいものを作る。僕には、それしかできないしね」

　わたしたちは、作る人の心をいただいている。

中華 兆徳（本駒込）

東京都文京区向丘 1-10-5
☎ 03-5684-5650
［火〜日］11:30 〜 14:30・17:30 〜 22:00
月曜休み
「トマト玉子炒め」850 円（税込）

なかじま（渋谷）

褐色のきくらげの存在感。
それは、オイスターソースの琥珀を纏った王子

中島和仁。店の一角に、表札のような文字プレートがある。逃げも隠れもしないという矜持。

主の苗字を店名に掲げる鮨屋は多い。だが、町中華はどちらかと言えば、縁起の良い漢字を用いる。大抵は二文字。出会い頭の一発で、中華料理屋であることを伝えられる文字面だからだ。

店名は平仮名で「なかじま」。「麺飯食堂」という副題が添えられている。暴れ太鼓のような豪快さもあるが、どこか人懐っこさもある平仮名文字。幟（のぼり）の地の色は真紅。燃えている。

店に入ると、同じ炎の色のタオルをバンダナのように頭に巻いた料理人が厨房で鍋を振っている。賑やかな掛け声がとび交うことなどないが、熱が漲《みなぎ》っている。

食券機に「玉子きくらげ炒め」の文字が発光している。きくらげたまごを押す、新鮮な体験。

褐色のきくらげは、椎茸の如き存在感。オイスターソースの琥珀をまとったきくらげの王子。白亜の角皿にも気品がある。あの熱は、たまごに宿っていた。たまごが、玉ネギやニラ、そして、案外食べやすいサイズに整えられている豚肉を下支えしている。縁の下の力持ち。

この料理のきくらげが王子だとしたら、たまごは民。誇り高き民だ。

冷めない熱を体内に取り込みながら、瞬く間に完食。エネルギーを充填《じゅうてん》、心が汗をかいている。

中島和仁さんは、意外にも「ですます口調」が似合う人だった。

玉子きくらげ炒め

中島和仁
禁煙
NO SMOKING
ご飲食時以外は
マスクの着用を
お願いいたします

広東料理をやってきたので、ちょっと甘めの感じが好きなんです

「昔から好きで来てくれてるお客さんには頼む人が多いかもしれませんね。元々、広東料理をやってきたので、ちょっと甘めの感じが好きなんです」

きくらげたまごは、広東発祥である。

「特にこだわっていることはなくて、みなさんが食べやすい食材を選んでいるだけ。普通に自分が美味しいと思うものを作っています。たまごですか？ 火を入れすぎると固くなるし、柔らかすぎると絡めた時に食材がぐちゃぐちゃになる。なるべく、一つ一つの具材が立つようにしたい。たまごも、これ、たまごだなって、わかるように」

食べ応えはもちろん、食材それぞれの輪郭を生かすのが「なかじま」料理。

「あくまでも大衆中華。安くて、美味く

て、早い。最低でも、そのうちの二つに該当していなくては」

カッコつけない野太さ。平成16年の開店以来、未だ広告を打ったことがない。

「たとえば、自分の親友が『あの店、美味しいよ』と言ったら、信用できるじゃないですか。いいお客さんがいいお客さんを連れてきてくれる店を創りたい」

料理を作り、店を創る。毎朝更新する公式ツイッターも簡潔。取材日はこう。

【お疲れ様です。1／11（水）日替わりセットは「豚バラ生姜醤油炒め丼」です。宜しくお願い致します。】

なかじま（渋谷）

東京都渋谷区渋谷 3-18-7 ナルセビル 1F
☎ 03-5774-1601
［月～金］11:00 ～ 23:30（L.O.）
［土・祝］11:00 ～ 21:30（L.O.）
［日］11:00 ～ 21:00（L.O.）
「玉子きくらげ炒め」780 円（税込）
＊ 3 月 31 日現在

生駒菜館《いこまさいかん》（菊川）

異邦人に優しい町の料理は、
食べるたびにほっぺたがよろこぶ

豚肉とキクラゲの卵とじ

　令和4年9月。菊川に、映画館ができた。カフェと地続きな感覚のあるミニシアターで、すこぶる気に入っている。館名は、Stranger。異邦人である。

　菊川にはその名の通り、川が流れている。町の名を冠した菊川橋に立つと、東京スカイツリーが見える。スカイツリーは様々な場所から見ることができるが、ここからの眺めが最良だ。川に映るツリーも美しい。菊川は、小さな旅をした気持ちにしてくれる町。人を異邦人にする。

「生駒菜館」は、Strangerのすぐ近く。2本立ての映画の合間に発見した。その後は実際、映画の前に行ったり、映画の後に行ったりしている。料理も映画も旅。一見の客はいつだって異邦人。菊川は、異邦人に優しい。

　厨房の湯気がまあるい。この丸さが、客たちの活気につながっていることを毎回感じる。

「豚肉とキクラゲの卵とじ」は、この店ならではの丸さが感じられる料理。食べるたびに、ほっぺたがよろこぶ。

　玉ネギの甘さが、全体をまあるく包み込んでいる。きくらげも、たまごも、豚肉も、みんな穏やかで、仲良し。たまごの状態と、淡いイエローの相乗効果もあり、ここのきくらげはいつも色が優しい。

　昭和47年の創業。このメニューを開店後、5年ほどたってから始めた。亡き先代のご主人は、好きなバイクで方々を食べまわっていた。

「この料理も、バイクで主人が見つけてきたんですよ」

厨房の2人は、まるで眩しいツインボーカル

石井アツ子さんは微笑む。先代は、見つけた料理の味を自分なりに突き止め、アレンジすることが大好きだった。

現在はサービスとして店を切り盛りするアツ子さんだが、以前は先代と共に鍋を振っていた。出前が忙しく、必要に迫られてのことだった。この夫婦料理人の伝統は、二代目の石井政臣さんと妻・明希子さんに引き継がれている。

厨房の2人は、まるで眩しいツインボーカル。今回は、明希子さんに作っていただいた。

「野菜はしっかり火を通します。たまごは油通しすると、たまごの存在感が消えない。あまりかき混ぜすぎず、少しかたまりが残るような感じで」と明希子さん。

「たまごのコシを切るとダメだよね。ざ

っくり混ぜる」とアツ子さんも言う。女性料理人同士の会話が心地よい。

「ウチ、女性のお客さんが多いのは、男が僕だけだからかもしれませんね」と政臣さんが笑う。家族というチーム。

店に、いつも、きくらげたまごばかり食べている常連客がいた。話してみると、きくらげとタケノコ専門の問屋さん。以来、そこから仕入れている。そんな微笑ましいエピソードもこちらならでは。

3人の料理人。いや、4人の料理人が「生駒菜館」のまあるい湯気を、今日も立ち上がらせている。

生駒菜館（菊川）

東京都墨田区菊川 2-6-12
ジェイパークキクカワ 1F
☎ 03-3631-7713
［月〜土］11:00 〜 14:30・17:00 〜 21:00
日曜・祝日休み
「豚肉とキクラゲの卵とじ」700 円（税込）

龍口酒家《ろんこうちゅうちゃ》（幡ケ谷）

菱形状にカッティングされた長ネギ。
触感のハーモニーが、食感という音楽になる

豚肉とキクラゲと玉子の炒め

「『龍』は皇帝。『酒』は食べ物・飲み物のこと。『家』は一番という意味。家なら裸でいられるでしょ？　家が一番だよ。皇帝の『口』に入るものは一番」

店名の由来を尋ねると、主・石橋幸さんはそう答えた。幡ヶ谷「龍口酒家」は、貴い料理を供する。ランチで時々出る、「豚肉とキクラゲと玉子の炒め」もやっぱり貴い。

まず、きくらげの筋肉質な弾力に唸る。引き締まっているが、プリプリだ。

「中は潤いがある。が、外側は乾いている。そうすると弾力性が生まれる」

彼が語っているのは、仕事の技術だが、これは食材に対する哲学と言っていい。

「何のために、きくらげを入れるのか。それを考えないとね」

触感のハーモニーが、食感という音楽になる。菱形状にカッティングされた長ネギ。青梗菜《ちんげんさい》も、タケノコも、やはり同じくらいの形、大きさに切られている。

「例えば、あるものは三角形に切った方が良いとする。その場合、他のものもほぼ三角形に切った方がいい。そうすると食べる時の違和感がなくなる」

この心遣いこそ、皇帝の口に入れるもの、という概念の源なのかもしれない。

きくらげにはきくらげの、長ネギには長ネギの、青梗菜には青梗菜の、タケノコにはタケノコの感触がある。形状を等しくすることで、それぞれの違いを体感できる。豚肉もまた、野菜たちに呼応するように薄切り。この皿にある食材全てが等価のものとして存在している。

必ず日本の醤油を入れる。塩のとんがりが、醤油でまるくなる

だからこそ、各自が自身の個性を発揮することにもなるのだ。

それを一つに調和させるのが、たまご。火を通し過ぎず、かと言って、ゆるゆるなわけでもなく、適度な質量であらゆるものにまとわりついてくる。優しくって、まろやかな味わい。病みつきだ。

「私の料理は必ず日本の醤油を入れる。塩のとんがりが、醤油でまるくなる。特にこの料理は、塩だけだと、たまごが白っぽくなる。醤油を入れると、たまごも少し赤くなるでしょ」

石橋さんがそう言うと、たまごがちょっと照れたような気がした。

お店のテーマカラーは、オレンジ。柿色が好きだからだそうだ。

ムースーローは、金木犀《きんもくせい》をイメージした料理。その花の色は橙色。偶然の一致に、嬉しくなった。

常連客たちの「美味い！」が響く。石橋さんは、そんな歓びの声をしっかり受けとめる人だ。

「私のいい加減さを愉しみにしてくれてるのかな（笑）。その日の気分で作りたいものが変わる。これが作りたい。その一品から、他の料理も決まる。自分が愉しくないと、料理も愉しくない。愉しい時は、鼻歌うたいながら作ってる（笑）」

店内のいたるところに花や花の写真があった。「龍口酒家」は、一番という花を愉しく咲かせる。力強くも、可憐な店だ。

龍口酒家（幡ヶ谷）

東京都渋谷区幡ヶ谷 1-3-1
幡ヶ谷ゴールデンセンター B1F
☎ 050-5869-0597
[水～金] 11:15 ～ 13:45（L.O.）14:00 閉店・17:30 ～ 21:00（L.O.）22:00 閉店
[土・日・祝] 11:15 ～ 13:45（L.O.）14:00 閉店
月曜・火曜休み
「豚肉とキクラゲと玉子の炒め」900 円（税込）
（日替わりランチの一メニューとして）

炭火《すみび》と中華《ちゅうか》　九尾《きゅうび》
（板橋区役所前）

想像以上におっきなエビたちが、かくれんぼしないでお出まし

令和4年12月3日。都営三田線「板橋区役所前」駅のすぐ近くに「炭火と中華九尾」がオープンした。まだまだ数の少ない中華系居酒屋。お酒の豊富な町中華、ではなく、中華料理とお酒で憩えるリーズナブルな新店。メニューを覗《のぞ》くと「トマトと玉子の炒め」が、温菜のトップにある。続いて「キノコの雲南式にんにく醤油炒め」。たまご、キノコ、炒め、ときたら、アレもあるのではないか。胸が高鳴る。下降していくと、あった！「エビ、木耳と玉子の炒め」。しかも、ここは「きくらげたまご‼」しかも、ここは「エビ、木耳と玉子の炒め」。豚肉を入れるか入れないか、青菜を入れるか入れないか。この違いが大半を占める、きくらげたまご界隈の中で、堂々とエビを前面に出している。これはたまらん。

カウンターからは、大きな背中がエビを炒めているのが見える。こういう背中が料理していると安心する。油がはじける音が、イメージの中のエビをプリプリにしてくれる。食欲はサラウンド。

到着したのはオシャレなお皿。想像以上におっきなエビたちが、かくれんぼしないでお出まし。あれ、この青菜、なんだろ。つまんでみると、なんと菜の花。へー、アリだな。とろとろふわふわのたまごと、踊ってるエビが肩を組むことで生まれる甘さに、菜の花のほのかな苦味がグッドフィーリング。大きめカットのタケノコや長ネギも、嬉しい具沢山のおしくらまんじゅう。きくらげは、ちょっとスタイリッシュに気取ってる。とにかく、ポップでピースフルな料理だ。

エビ、木耳と玉子の炒め

菜の花、いいでしょ？
青菜は季節で
替えていこうかなって

　オーナーの林修司さんは、「男の人って、肉も柔らかさとかジューシーさが好きですよね。女性は貝類とかコリッとした食感が好き。先週も『きくらげの入ってるメニューない？』って訊いてくれた女性がいました。もしかして、きくらげって流行ってるんですかね？（笑）」とカジュアルに話す。「菜の花、いいでしょ？　青菜は季節で替えていこうかなって。ブロッコリーの芯でもいいし、いんげんでもいいし、赤万願寺唐辛子でもいいし。野菜のいい仕入れ先、知ってるんですよ」とは、大きな背中のシェフ、竹内健太郎さんの弁。希少価値の赤万願寺唐辛子が入ったきくらげたまご、食べたい！

　ユニットのように息もぴったりな2人の出会いは、林さんが経営するバーに、

竹内さんが客として訪れたこと。
「なんで中華にしたか？ ビールや紹興酒だけじゃなく、お客さんが飲みたいものが飲める中華があるといいなってこともあったけど、でも結局、彼が信用できる人だからですよ」
林さんの飾らぬリスペクトは「九尾」の居心地良さの秘密を教えてくれる。
出会いは、その次に進めなければ、その先に深まらなければ、出会いにはならない。きくらげがたまごと出合ったように、ここでは店と料理が出合い続けている。次は、ワインを飲もうっと。

炭火と中華　九尾（板橋区役所前）

東京都板橋区板橋 2-65-5
オレアビルディング 1F
☎ 03-6912-4646
［日〜土］17:00 〜 23:00（L.O. 22:00）
不定休
「エビ、木耳と玉子の炒め」880 円（税込）

華興《かこう》（西巣鴨）

お肉とたまごは色だけでなく、
状態が接近していて、食べ心地も実に軽快だ

豚肉ロース細切りと木クラゲ玉子入り炒め

建物のてっぺんに大きな大きな「華興」の文字。見上げるだけで、西巣鴨の町の一角に、チャイナの風が吹く。日本の空と中国の空はつながっている。

菜譜（メニュー）の表紙には、真っ赤な富士山。日中友好。

オリジナルの料理がひしめいているが、食べるものは決まっている。「豚肉ロース細切りと木クラゲ玉子入り炒め」。一択。

こちらは、お肉が細切りなのが大きな特色。きくらげたまごの豚はバラ肉が主流の中、ロースを選んでいる。

チーフ料理人、篠田義次さんによれば、これは「上海風の作り方」で、「ずっと細切りだった」とのこと。

細切りは、調理すると棒状になる。豚肉が見慣れた平面ではなく、スティック型になると、ぐっと上品になる。そして料理のルックスが俄然、愛らしくなる。

真上から眺めると、ビジュアルの完成度が高い。豚肉のブラウン、たまごの濃いイエロー、グリーンピース、きくらげの漆黒。配色の妙は、添えられたキャベツの千切りにかけられたオーロラソースの淡いオレンジ色で、とどめを刺す。それぞれの立体感、ボリュームにも機微がある。グッドデザイン賞。

特に、お肉とたまごは色だけでなく、状態が接近していて、食べ心地も実に軽快だ。

棒状豚肉は味をよくすいこんでいて、たまごとの相性も抜群。食事がリズミカルになる。

気っ風の良い笑い。積み重ねてきた鍛錬が、匠の技術を支えている

「細切りだと、たまごとも混じりがいいと思いますよ。たまごが負けない、というのかな。たまごは、あまり細かくならない程度に火を通しています。箸から落ちてしまわないように」

老舗ホテル出身の篠田義次さんは語りにもジェントリーな力強さがある。

隠れた仕事をしているのが、タケノコと長ネギ。ビートを感じさせるといえばいいだろうか。

目立たないが、料理のノリをさらに良くしている。グルーヴィー。

「タケノコはあらゆる料理に使っているけど、料理ごとに切り方が違う。その野菜の歯応えをどんなふうに残すか。それは料理人が自分で切っていくことでわかるんだよね」

話しながらも、その手が休むことはない。厨房は、職人が活動する場。

「失敗すると、次にどうするかを考えるよね。反省するのも、センスだよ」

気《き》っ風《ぷ》の良い笑い。積み重ねてきた鍛錬が、匠の技術を支えている。

ふと、キャベツサラダをつまんでみる。美味い。千切りもまた、手仕事なのだと気づかされる。

手が創り出すもの。

「豚肉ロース細切りと木クラゲ玉子入り炒め」は、最後の最後まで、清々しい料理だった。

華興（西巣鴨）

東京都北区滝野川 6-9-11
☎ 03-3916-1252
［水～月］11:00 ～ 15:00・
17:00 ～ 23:00（L.O. 22:00）
火曜休み
「豚肉ロース細切りと木クラゲ玉子入り炒め」1300 円（税込）

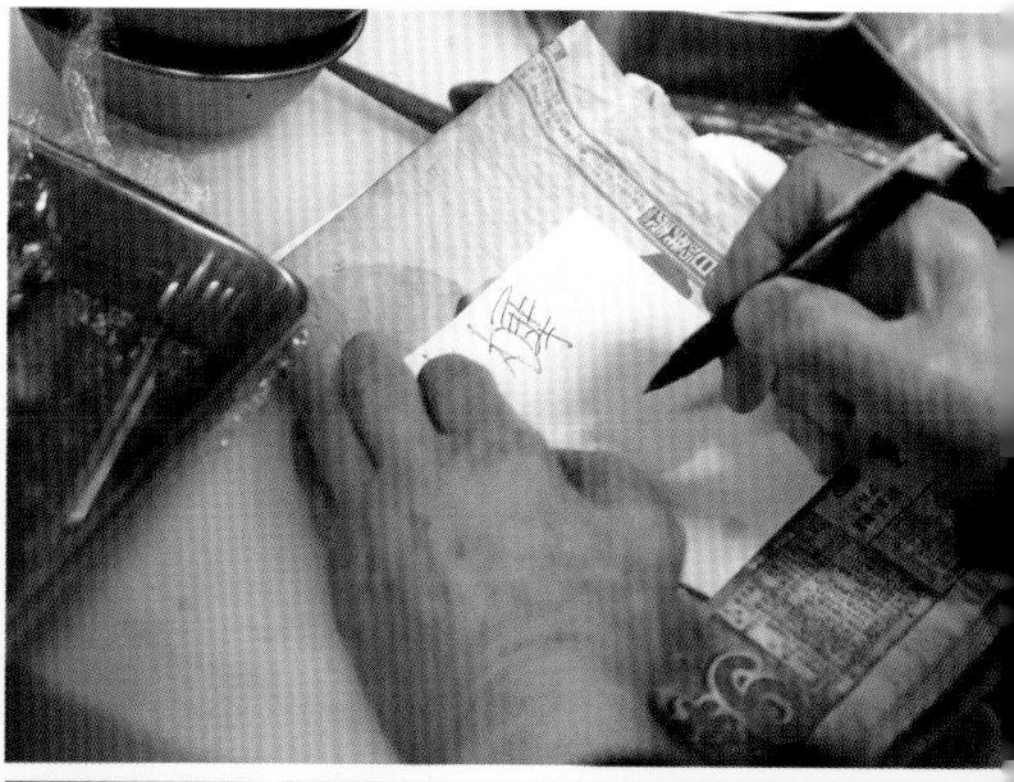

中国菜《ちゅうごくさい》　膳楽房《ぜんらくぼう》
（飯田橋）

さっと一気に仕上げ。食材のシャキシャキ感を生かすように。手でちぎって、食べやすく

料理は香りの芸術だ。

飯田橋「中国菜　膳楽房」では、日替わりランチで「木須肉（ムースーロー）」が振る舞われる。

仕上げに使われた胡麻油が鼻腔をくすぐり、幸せを運びこむ。なんというシンプルな贅沢。目を閉じても生まれるそのワクワクが、口に入れることで確かな実感に変わるまで。ほんの僅かの間の焦《じ》れったさが、心の香辛料となる。

台北出身の料理長、張振隆《チョウチエンロン》さんが作る木須肉には、日だまりのような愛情がある。余計な味がしない。大切な温もりだけがある。

「強い味つけはしないんです。これは醤油、砂糖、胡椒、紹興酒だけ」

料理人生四半世紀とは思えない、青年のように伸びやかな語り口。

ポイントは、小さめの豚バラ肉だ。このお肉が、たまごとも、小松菜とも、長ネギとも、風通しのいいグループを形成している。食べる、噛みしめる、じわり。粋な仕事ぶりのムードメーカー。

「1回茹でて、スライスして、軽く炒って、豚肉の香りを出す。油？　普通の大豆油ですよ」

油残りがまるでない。店内同様、清潔な味わいだ。

「さっと一気に仕上げする。食材のシャキシャキ感を生かすように」

中でも別格の存在感を誇るのが、きくらげ。

「手でちぎって、食べやすいサイズにしています」

木須肉 ムースーロー

無限の初心と無限の自然体。無限の組み合わせ。人と料理

「素材の味を最大限に生かす。それが中華料理」

張さんの理念が、いろいろな角度から愉しめる一皿だ。

「この食材に何を組み合わせたら、一番美味しくなるか。できれば、他の店にはない組み合わせがいいね」

健やかな野心が微笑む。彼がふと、つぶやいた一言に魅せられた。

「無限」

食材と食材の組み合わせは、無限。

店の数だけ、きくらげたまごはある。

「野菜たっぷりだからかな。女性のお客さんが多いよ。ウチは紹興酒もあっさりめ。ワインは、スタッフが集まって、これがいいね、あれがいいね、って話し合うの。みんな、お酒が好きだから、その

時間が僕も好き」

調理長は、新人のように、店のミーティングタイムを語った。無限の初心。

「この本が出た翌日は、日替わりランチに木須肉、出すよ」

無限のチャーム。無限の自然体。

日替わりランチセットは、主菜・副菜・ごはん・漬物・スープで構成される。

「その日の副菜？ 豆腐料理もいいし、点心もいいし、サラダもいい。どれでも合うね。いつも自由にやってるから、その日にならないとわからないよ（笑）」

無限の組み合わせ。人と料理。

中国菜　膳楽房（飯田橋）

東京都新宿区神楽坂 1-11-8
☎ 03-3235-1260
［火～日］ 11:30 ～ 14:30（L.O. 14:00）・17:00 ～ 23:00（FOOD L.O. 22:00・DRINK L.O. 22:30）
月曜休み・その他に月に 2 日間不定休
「木須肉（ムースロー）」990 円（税込）
（日替わりランチセットの一メニュー）

緑町《みどりまち》　生駒《いこま》（菊川）

「やっぱり人と違うこと、やっていかなきゃ」

クワイ、ヤングコーンが入っている

驚いた。クワイが入ってる。

「多少でも入っていると、何これ？って訊いてくるかと思ってさ。最近じゃクワイも食べたことない人もいるんじゃないかな。この料理に間違ってヤングコーンが入ってることはあるかもしれないけど、クワイは入ってないでしょ。やっぱり人と違うこと、やっていかなきゃね」

菊川「緑町　生駒」の玉子料理「キクラゲ・玉子・豚肉の炒め」には、クワイ、ヤングコーンの他にタケノコ、ニラ、ニンジン、長ネギが入っている。

そして、椎茸くらい大きな唐辛子がのっかってる。

「中国の唐辛子だよ」

辛味づけではなく、あくまでも飾りつけ。風味漂う深紅の王冠が、脇を固めるきくらげたちの威容を輝かせる。具沢山だが、ぶつかり合うこともなく、それぞれが「一味違う」存在感で集結している。たまごは控えめ。炒めものとしての旨味が充満している。

ご主人、小池光雄さんは食べ歩き好き。気に入った料理のレシピを自分なりに考える。その日の夜、寝ながら考える。

「で、次の日の昼に作ってみるんだよ。同じものはできない。でも、いいんだ。それを倅《せがれ》に食べさせる。考えるのは結構好きだね」

息子・秀弘さんの試食を経て、光雄さんの新たなメニューは完成する。オリジナル料理に定評がある名店。夜のイレギュラーメニューは、秀弘さんが担当している。父子二代の二人三脚。

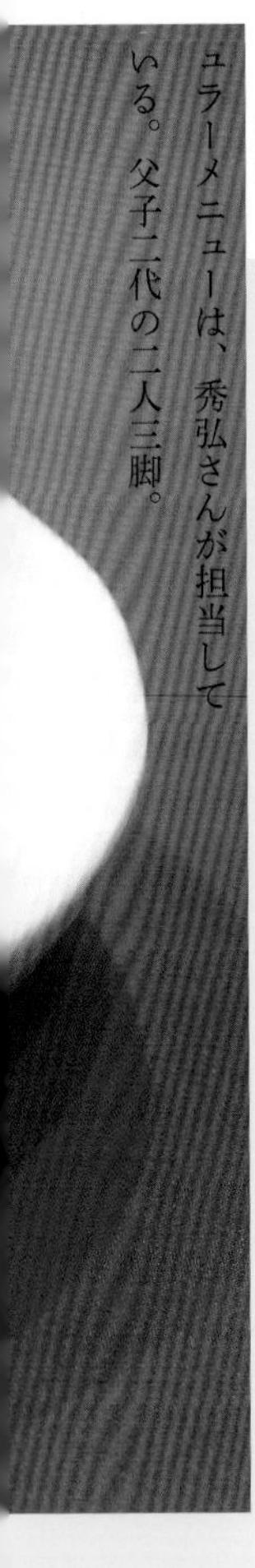

キクラゲ・玉子・豚肉の炒め

料理やっている時は、一切口を利かない。気合が入ると、スイッチが入る

「料理は冷めていくと、味が濃くなってくる。そこも考えた方がいいですよ、と以前ウチにいた台湾の料理人に教えてもらった。最初、薄く感じるくらいでちょうどいいんだってさ。最初から、美味しいなあ！　じゃなくてね」

事情があって本国に帰った料理人へのリスペクトは、月日が経っても光雄さんの中で変わることはない。

「人に恵まれたね。いい人ばっかりだった。大事にしたい。人を大事にしていれば、料理も違ってくるんじゃないかな」

世話好きで、力士やボクサーの面倒も見てきた人生。「孫も酒好きでね」と、本当に嬉しそうに笑う。

「料理やってる時は、一切口を利かない。気合が入ると、スイッチが入ると、そう

なるんだよ」

　でも、そんな自分が好きなんじゃないですか？　と問うと、「言ってくれるね」と、またまた顔をほころばせる。

「『きくらげたまご』の本？　なんだよ、それ！って最初は思ったよ。でも、いいね。そのヘンなこだわり（笑）」

　令和5年3月、すぐ近くに移転。撮影と取材は旧店舗でさせていただいた。

「あと10年はやるよ」と厨房へのファイティングポーズを見せる。

　真剣な人。これまでも。これからも。未来しかない。

緑町　生駒（菊川）

東京都墨田区緑 4-6-1 パークホームズ
錦糸町エアヴェール 1F（新店舗）
☎ 03-3633-4089
［木～火］11:30 ～ 13:15・18:00 ～ 21:00
水曜休み
「キクラゲ・玉子・豚肉の炒め」850 円（税込）

鳳凰軒《おおとりけん》（馬喰町）

白菜。「中華丼」や「五目ウマニソバ」に入っている、とろみと仲良しな野菜だ

馬喰町～浅草橋の界隈が好きだ。

近年、古い建物がリノベされて、ギャラリーや洋服屋さん、ワインバーなどになっている。どこもこじんまり、薄《う》っすら暗くて、その分あったかい。

リバーサイドが映える昔からの町並みには、黄昏が忍び寄る少し前のグラデーションがよく似合う。終わりゆく昼。始まろうとしている夜。

町にある中華。町になじむ中華。町とわたしたちをつないでくれる中華。それを町中華と呼ぶならば、馬喰町「鳳凰軒」は間違いなく町中華だ。鳳凰と書いてオオトリと読む。東京の町を感じる粋。

今ではめっきり減ってしまった通し営業を続けている。昼下がりを過ごすにふさわしいムーディーな空間。季節を問わず、時が涼しげに佇んでいる。

狭間の贅沢を許してくれる「鳳凰軒」で、ダメ元でわがままを言ってみた。メニューにないムースーローをお願いしていいですか？

「ああ、年に2、3人はいるんだよね。食べたいって人が。食材は全て揃っているんですけど、私の調理師人生で出合う機会がなかった。父親も作ってなかったし、修業先でも見なかった。実はムースーローを知ったのは最近。年に2、3回作るのと同じで良ければ、いいですよ」

快諾してくれた三代目ご主人、熊倉一郎さん。出来上がったレアなムースーローは、まず白菜が目を惹く。そうか、こちらの「中華丼」や「五目ウマニソバ」に入ってる、とろみと仲良しな野菜だ。

ムースーロー

CHINESE RESTAURAN
鳳凰軒
ランチタイムは
カード不可

鳳凰軒

鳳凰軒（馬喰町）

東京都中央区日本橋馬喰町 2-5-7
鳳凰軒ビル 1F
☎ 03-3661-1987
［月～金］11:30 ～ 21:30（LO 20:30）
［土］11:30 ～ 14:00（LO）
日曜・祝日休み

オムレツをイメージしている たまごは、フワトロで じんわりニコニコ

きくらげとも相性がいい。美味い。あったまるきくらげたまご。

「それ自体にはあまり味がなくて食感だけのものって、どこの国の料理にもあるよね。中華では、クラゲやフカヒレと並ぶ代表的なもの。昔、白きくらげも使ったことあるんだけど、お客さんから反応なくて、やめちゃった（笑）。やっぱり、この黒で中華っぽさが出るんだろうね」

オムレツをイメージしているというたまごは、フワトロでじんわりニコニコ。洋食のテイストもしっくりくる空間は、天井も高くて、ご機嫌。小松菜のグリーンが、店内の緑の装飾と韻を踏んでいる。

聞けば、香港のある飲茶店をイメージしているという。なるほど。エントランスのステンドグラスも、大理石のテーブルも、クラシックな高級感。

ノンシャランとした風情の熊倉さんの目が急に輝いた。お父様から引き継いだ際、大きく店を変えた。その並々ならぬ想いを垣間見た気がした。

創業は昭和10年。この町を見守ってきた。颯爽とした接客の妹さん、きくらげの処理も手がける可愛いお母様との家族経営。アットホームな雰囲気が今日もリピーターを招く。

どのメニューもハーフサイズを用意し、おひとり様にも優しい。

「ムースーロー？　お願いされて、気が向いたら、作りますよ（笑）」

日が暮れる前に、逢いにゆこう。

中国料理《ちゅうごくりょうり》　永新《えいしん》（麻布十番）

ただただ、酔いしれる。餡とたまごの二層仕立て。たまごとごはんの二層仕立て

木耳玉子丼

飲食店には、様々な空間設計がある。テーブルだけのお店。カウンターだけのお店。カウンターとテーブル両方あるお店。そして、2フロアのお店。

たとえば西巣鴨「華興」は2階が宴会場、馬喰町「鳳凰軒」は地下1階が宴会場。飯田橋「膳楽房」は、1階がランチ向け、2階がディナー向けかなと感じる。

麻布十番「中国料理　永新」も二層仕立てのお店だ。厨房の活気を浴びる1階テーブル席もいいが、2階のちょっとサロンな雰囲気がいい。小料理屋さんの小上がりでのんびりする風情がある。

ここはランチに「木耳玉子丼」を出している。メニューでは「麻婆丼」に次ぐ二番手なのだから、人気がわかるというもの。

2階でいただく。きくらげたまごを丼で食べるのは初めてだ。美味い！　なんじゃ、この旨さは。

たっぷりの餡がすべてを包んで、スプーンを止めさせない。

虜になる、とはまさにこのこと。とにかく全部が渾然一体となって、口内を無我の境地にさせる。余計なことは考えない。ただただ、この二層仕立てに酔いしれる。餡とたまごの二層仕立て。たまごとごはんの二層仕立て。

「ごはんにかけたら美味しいと思って」

二代目のご主人、楊仲峰《ヨウシンホウ》さんは、余計な話をしない人だ。

「ウチは小さい店だけど、いいお客さんが来てくれるから、ヘンなものは出せない。きくらげは一級品だよ」

丼という宇宙の中では、あらゆるものが平等で、一緒に過ごしている

きくらげのプリプリが、餡とたまごの仲を取り持つ。蟹玉とも、中華丼とも、ひと味違う歓び。

「たまごが、餡をまろやかにしてくれるんだ。でも、何も考えてないよ。考えながら作ってると美味しくならない」

速度の料理。速度を支えるのは料理人の技術であろう。

「いや、ただの慣れだよ。あなたたちの仕事と同じ」

ここの「木耳玉子丼」のような仕事が出来ているだろうか。こんなふうに、文章を書くことに慣れているだろうか。つい、自問自答してしまう。だめだな、考えちゃうよ。

見るまえに跳べ。高名な作家の名言を想い出す。

きくらげが上で、たまごが下なんじゃない。餡が上で、たまごが下なんじゃない。たまごが上で、ごはんが下なんじゃない。上とか、下とか、そんなカテゴライズなんていらないんだ。

考えるな、感じろ。高名な武術家／俳優の名言がよみがえる。

丼という宇宙の中では、あらゆるものが平等で、ヒエラルキーなく美味しく、一緒に過ごしている。

二層仕立てのお店が、二層仕立ての料理が、教えてくれることがある。

食べることは、永遠に新しい。

中国料理　永新（麻布十番）

東京都港区麻布十番 2-2-7
☎ 03-3451-3051
［木～火］11:15 ～ 14:50・
17:00 ～ 19:40（L.O.）
水曜休み
「木耳玉子丼」1000 円（税込）

匯豐齋《えほうさい》（祐天寺）

オレンジとグリーン。香りとシャキシャキ。
油も塩分も控えめなのが台湾料理

画家のアンリ・マティスに「金魚」という傑作がある。1912年の作品。円柱形の水槽に4匹の金魚が泳いでいるだけ。だが、オレンジやグリーンの配色の巧みさ、透明な奥行きなどが、比類なき絵画体験を約束する。当時マティスは、モロッコ人たちが夢見がちに金魚を何時間も眺めているライフスタイルを知り、インスパイアされるものがあったのだという。果てしない平穏。

祐天寺「匯豊齋」の店先では、5匹の立派な金魚が大きな陶器の水鉢で泳いでいる。

「風水では入口に水があった方が良いとされています。でも、水が動いていないと、お金も巡ってこない。金魚がいると、水は回転するでしょ」

快活なマダムだ。店長の張家蓉《チョウカヨウ》さんによれば、日本人には馴染みのない店名の漢字にも「振り込む」の意味があるそう。

ここの「肉と卵と木クラゲの炒め」も、マティスの「金魚」のように配色に優れている。オレンジとグリーン。この緑に合わせるべく瓶ビールと、水槽の水につながるイメージの「台湾愛玉レモンゼリー」をオーダーした。

まず、人参の飾り切りがいい。凹凸が、目と舌に高級感を与える。そして、鮮烈なピーマン。野菜がとにかく美味しい。

「ピーマンのくさみがないでしょ? たまごを多めに入れてるから、たまごの味が強いのよ。香りとシャキシャキ。油も塩分も控えめなのが台湾料理ということなんです」

肉と卵と木クラゲの炒め

本当の台湾に近いのかもしれない。泳いでいる。巡っている

汁気たっぷり。しっかり目のたまご、ふんだんなきくらげ。だが、鮮やかなカラーリングが、ボリューミーな圧迫を感じさせない。爽やかなビールとも相性がいい。するりするりと、泳ぐように完食した。

少し残ったビールで、愛玉を味わう。台湾産デザートにしかない、気持ち良さ。水のなめらかさ。心が金魚になる。

台湾人が作っている台湾料理が食べられるところは、いま都内でも数少ない、と張さんは言う。

この店には独特の雰囲気があって、それは本当の台湾に近い何かなのかもしれない。

「この店には死角がないのよ。私も部屋全体を見渡すことができるし、動きやす

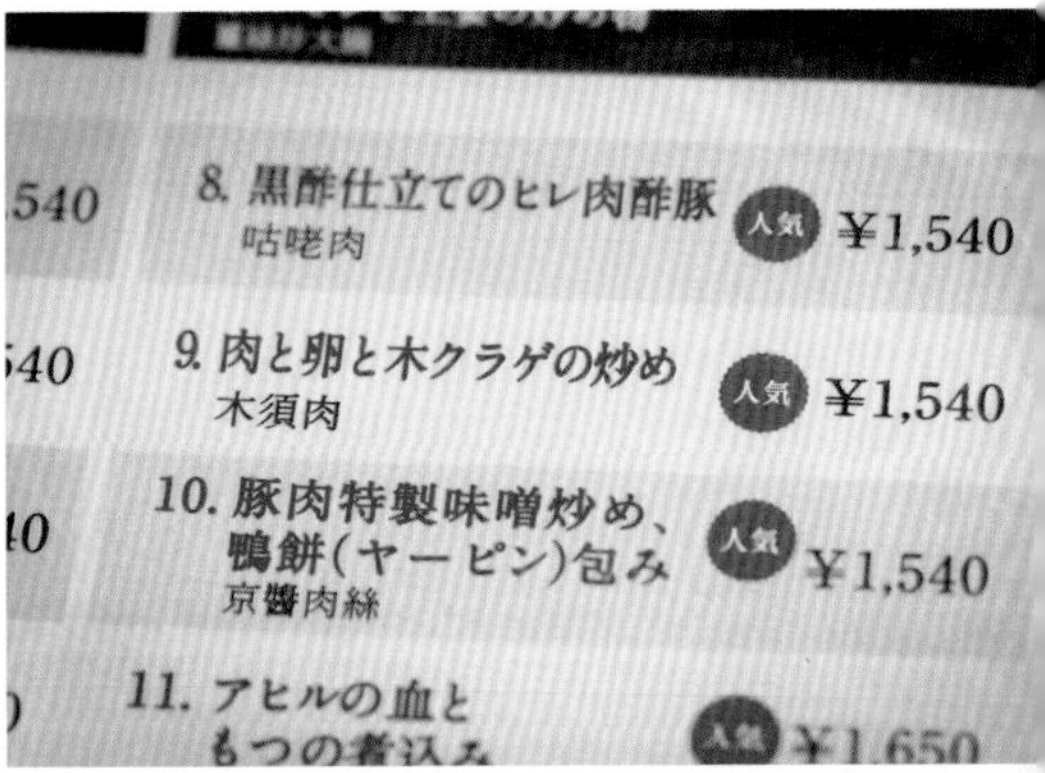

い。そこが好きなところね。きっと、お客さんもおしゃべりしやすいんじゃないかしら」

　マダムは自信を持って、自分の店のムードを支えるものについて、はっきり語った。そこには、サーブする者の矜持があった。

　飲食店で美味しいものをいただく私たちは、水槽の金魚のようなものかもしれない。そして、ちゃんと見守ってくれている人がいるからこそ、平穏なまま、身を任せることができる。泳いでいる。巡っている。

滙豐齋（祐天寺）

東京都目黒区祐天寺 2-7-20 倉方ビル 1F
☎ 03-5721-3666
［木〜火］ 11：00 〜 14：00・
17：00 〜 22：00
水曜休み
「肉と卵と木クラゲの炒め」1540 円（税込）

山水楼《さんすいろう》（代々木）

油でたまごを焼くというより、たまごで油を包む。つまり、油も具。透明感がある料理

JR「代々木」駅を出て、すぐ。ほんとうにすぐだ。すぐ、という日本語が愛おしくなるほど、「山水楼」は駅と至近。

いまの店名になって半世紀。その前は「駅前食堂」だったという。かつて、昭和の時代には、全国各地に「駅前食堂」があった。匿名の温かさ。この、あらゆる人を迎え入れるウオーミーさを、令和の町中華たちもしっかり受け継いでいる。町中華には、分け隔てがない。

看板の横に「中国風レストラン」の文字。しかも「中国風」が小さい。ここで40年鍋を振っている料理長の中浜修さんは「謙虚でしょ」と笑う。

「中国人や中国で修行した人が料理を作っているわけではないよと。だから中国風。食堂だった頃の名残りだよね」

中浜さんが作る「炒木耳肉（豚肉ときくらげと玉子の炒め）」は、ただただ美味しい。

豚肉は細切り。少し太めの麺くらい。それよりは細めのタケノコと見事なコンビネーションを見せる。少し甘めの味付けのたまごがすべてを調和させる。きくらげもキラキラしていて、気持ちがいい。高原で吸い込む空気のように。

「油でたまごを焼くというより、たまごで油を包む。そうすると、ふわっとするんだよ」

つまり、油も具。新しく綺麗な油でなければできないことだ。

この料理には透明感がある。食べ終わった後も、皿に油が残っていなかった。爽やかな食後感。

炒木耳肉

アサヒビール
アサヒビール

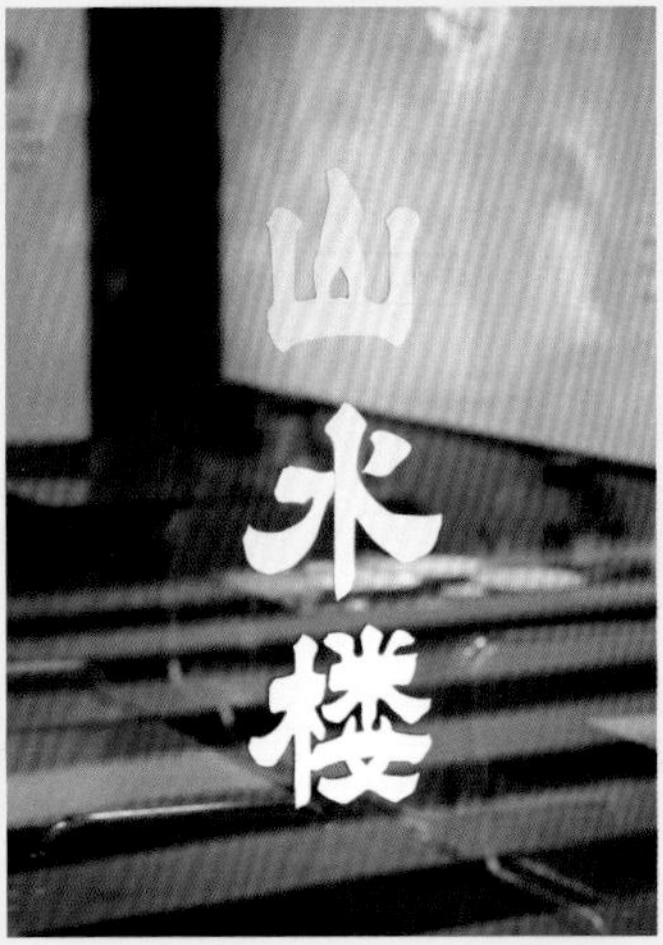
山水楼

山は、きくらげ。水は、たまご。イメージ遊びも愉しい

この店には、カウンター席はない。が、テーブル席から厨房が見える設計になっている。

いわゆるオープンキッチンではなく、「中国風レストラン」の呼称通り、あくまでも控えめな開放感。角がまあるい窓が、開いている。

そこで料理人たちが、迅速に、的確に、動いている。呼吸、鼓動、そして、音。みんなの音が聴こえる。

食べ終わっても、また別の客のために料理が作られている。その当たり前の継続を感じる歓び。

駅前食堂の時代から継続している何かがある。

「最近じゃ、女子会もやってくれてるよ」

町中華には、分け隔てがない。

すべての人を受け入れる。

「人間が生きていく上で必要なものは水。でも山がなければ水もないからさ。それで山水楼」

山から流れる水がある。

縦書きの店名が麗しい。山が上で、水が下。

そうか。

山は、きくらげ。水は、たまご。

そんなイメージ遊びも愉しい。

「ウチは、なんでも美味しいと思いますよ」

料理長の、謙虚な誇り。

名は体をあらわす。「山水楼」は、ずっとみずみずしい。

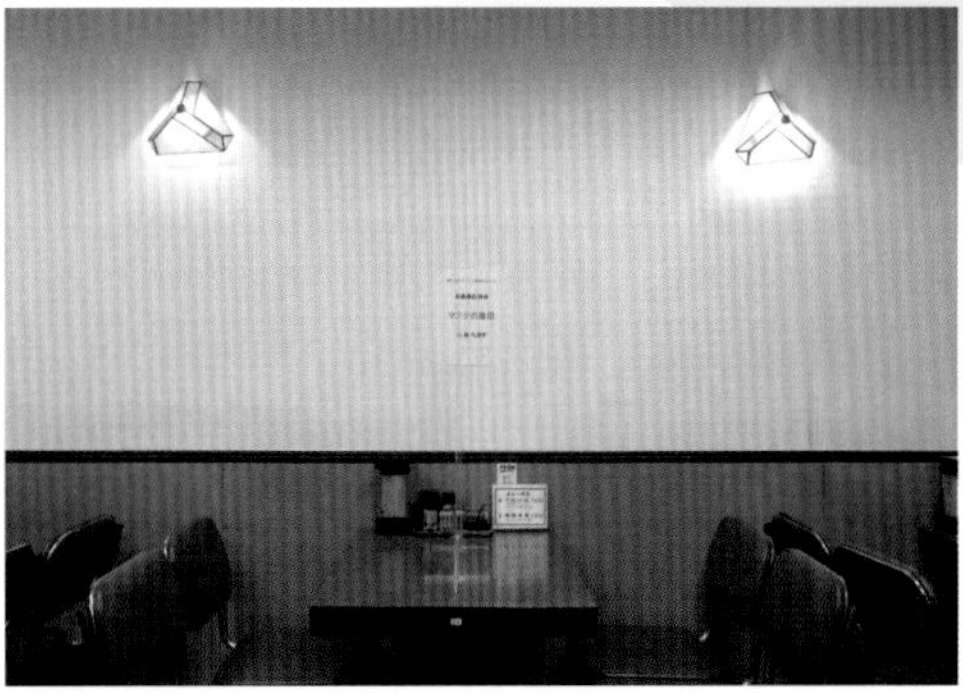

山水楼（代々木）

東京都渋谷区代々木 1-33-4
☎ 03-3379-3282
［月～金・祝］11:30 ～ 15:00・
18:00 ～ 21:30（L.O. 20:30）
土曜・日曜休み
「炒木耳肉」1450 円（税込）

かおたん（赤坂）

カラフルで食べ応えあり、甘さが丁度いい。
お酒にも、ごはんにも両方イケる料理

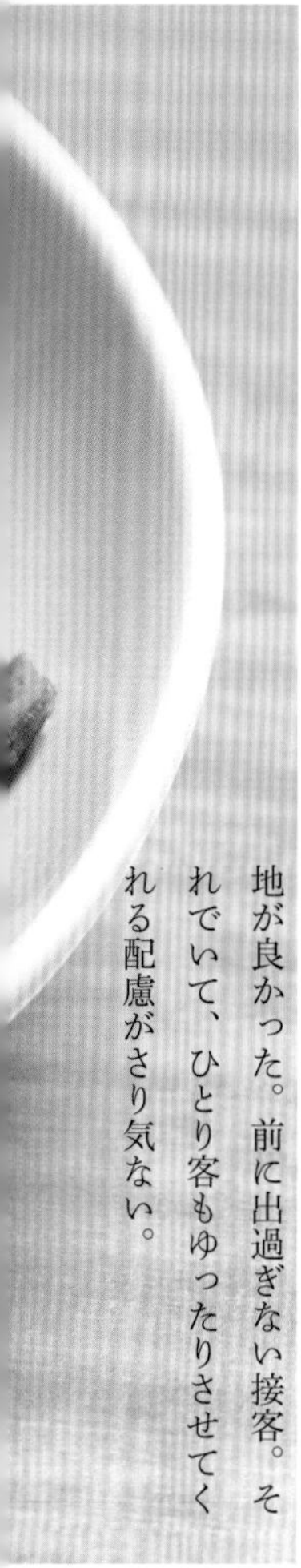

その編集者は、ランチタイムが終わってから、食べたり飲んだりできる場所を探していた。事務所が赤坂に引っ越したばかり。お昼休憩の時間帯がかなり集中しているオフィスの町。なかなか見つけることができなかった。

少し奥まった場所にあるその店は、彼にとってうってつけだった。なんと、通し営業。しかも、午後2時から6時までは、ハッピーアワー。生ビールもチューハイもリーズナブルになる。

初めて食べたものは覚えている。大事な店だから。腸詰に半チャーハン。もちろん飲んだ。美味かった。そして、居心地が良かった。前に出過ぎない接客。それでいて、ひとり客もゆったりさせてくれる配慮がさり気ない。

編集者が行きつけになり、きくらげたまごに行き着くまで時間はかからなかった。彼は言う。

「だって、好きになった店で、1年後にお気に入りのメニューを見つけるなんて悔しいから」

その町にある「かおたん」に連れて行ってもらったのは最近のこと。

メニュー数は100ある。ドリンクを抜いたフードだけで、だ。この規模の中華料理店では異例の多さではないか。この中から、きくらげたまごを見つけたのだ、彼は。

こちらの「豚肉と木耳と卵炒め」は、カラフルで食べ応えがある。この甘さが丁度いい。これは、お酒にも、ごはんにも両方イケる料理。

豚肉と木耳と卵炒め

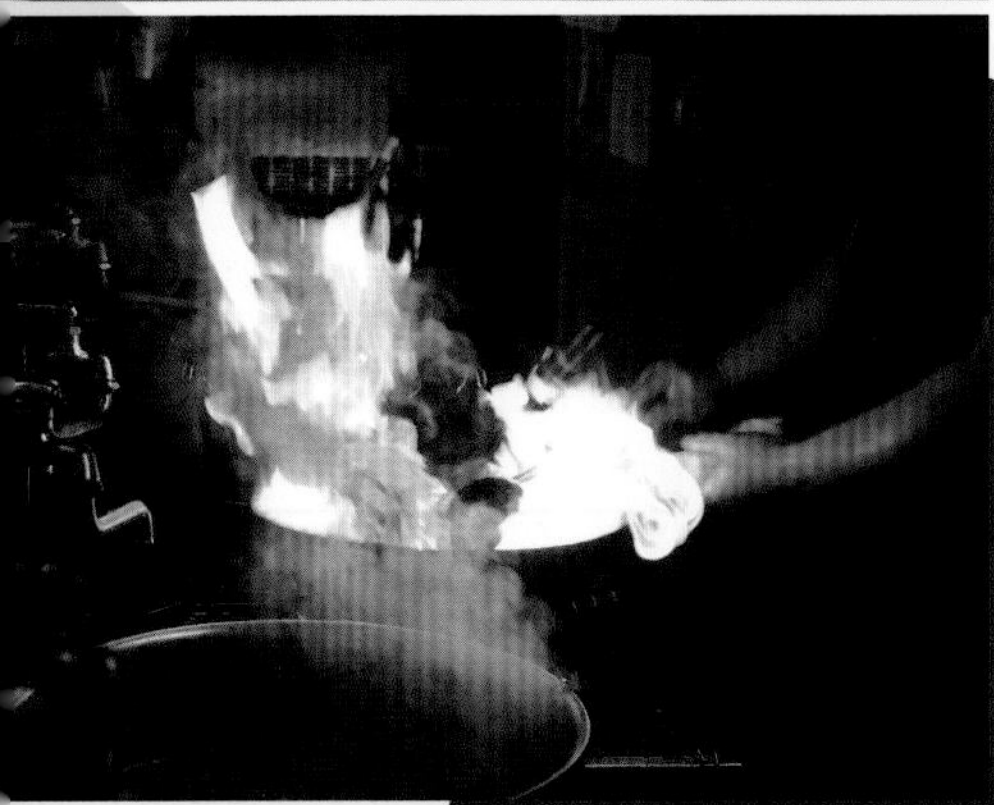

女性も男性も若い人も関係なく来られる。それが、いまの町中華

　気がつけば、店内は、食事に来てる人、飲みに来てる人、ちょうど半分半分。ごく当たり前に共存している。もちろん時間帯もあるのだろうが、この気兼ねのなさは、健やかだ。何の圧もない。ああ、楽だ。楽ちんが、いちばん。

　統括マネージャーの武山友規さんは、「お腹いっぱいになってほしい」と、創業以来の変わらぬ店のポリシーを語る。

「たまごはしっかり。インゲンも、タケノコも、ニンジンも、大きめに。野菜もちょこっと入ってる、じゃなくて、ちゃんと主張させたい」

　うん。野菜炒めを、がっつり食べてるみたいなダイナミズムがある。

「週に3回の方も、同じ日に昼夜いらっしゃる方も、います。それだけに、飽き

てほしくないので、メニューは時々、入れ替えています。女性も男性も若い人も関係なく来られる。それが今の町中華だと思います」

言葉を実際の客層が裏付けている。

そう言えば、編集者、しみじみとこんなこと言ってたっけ。

「1人で食べても、誰かと飲んでも、愉しい。そんな店なんだよ」

だから、みんなご機嫌。

「かおたん」とは、「高湯」のこと。中国の高級なスープ。

ああ、いい湯加減だ。

かおたん（赤坂）

東京都港区赤坂 6-3-15 J. 赤坂 101
☎ 03-5570-2330
［月～土］ 11:30 ～ 27:30
日曜休み
「豚肉と木耳と卵炒め」 950 円（税込）

龍王《りゅうおう》（新板橋）

「板橋チャーハン」の聖地の一つ。
何かが違う。町中華とも一線を画している

「ここは、中国ですね。それもかなり田舎の方の」

その写真家は、1年ほど世界を旅していたことがあったという。

そのうちの2ヵ月は夏の中国に滞在し、様々な地方をまわった。人が好きな撮影者。きっと、中国でも、世界でも、いろいろな人と出会い、カメラを向けていたのだろう。

彼とはまだ付き合いが浅いが新板橋の「龍王」のことは結構前から話していた。彼ならわかってくれるような気がしていたからだ。ようやくここで、一緒に飲むことができた。

「中国を感じます。こういうところ、あったなって」

飲食店、ということだけではないような気がした。中国の田舎の方の暮らし、営み、風土などについて、「こういうところ」と形容しているのだと感じた。

人懐っこいそのカメラマンは、中国語しか話せない料理人、楊利波《ヨウリハ》さんに話しかけた。

「ハルビンのご出身だそうです」

ハルビン。中国最北端にある黒龍江省の省都。

本格中国料理のような料理を出すところではない。味付けは日本人向けだ。だが、何かが違う。町中華とも一線を画している。だから、彼と一緒に来たかった。

「龍王」は数年前、人気テレビ番組に出演したことがある。その時の写真が今も壁に貼られている。「板橋チャーハン」の聖地の一つとして取り上げられた。

豚肉、木耳と玉子炒め

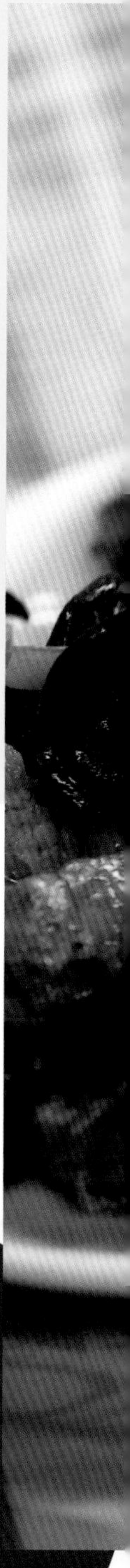

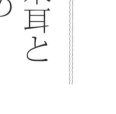

650円
酢豚
ナス味噌
680円
650円
八宝菜
塩味
1.肉白菜鍋
(豚肉·青菜·豆腐)
味自慢
龍王の鍋

龍王（新板橋）

東京都板橋区板橋 1 丁目 49-3
ライオンズマンション板橋 1F
☎ 03-6780-0329
［日～土］11:00 ～ 15:00・
17:00 ～ 24:30（L.O.）無休
「豚肉、木耳と玉子炒め」680 円（税込）

濃厚な豚肉と、でっかいきくらげに、全身で体当たり

「ナスバター炒飯」には驚かされた。発想の原点はお店の人気メニュー「揚げナス」。そこからは想像もつかない煌びやかなルックスの名品。ご主人のアイディアに唸った。

チャーハンだけの店ではない。数限りなくあるメニューの中から「豚肉、木耳と玉子炒め」をチョイスすると、楊さんの底知れないポテンシャルを感じる。

大量の豚肉。お肉、きくらげ、たまごが、体感としては均等のボリュームの食べ応え。それはしっかり火を通しているからだろう。中華料理は火の料理であることをガツンと思い知らされる。

しっかり火が通っているのに、たまごはやわらかく、濃厚な豚肉と、でっかいきくらげに、全身で体当たり。この迫力が、圧倒的な三位一体を形成している。熱がある。何よりも生命力がある。しぶとく、タフな、元気が出る一皿。

北京、上海、香港くらいしか行ったことがないが、もし、中国の見知らぬ地方に赴き、ネット情報に頼らず入店。知っている料理名を頼りにオーダーしたら、びっくりした。そんな感じだが、決して味付けが強烈なわけではない。作っている人固有の気概に驚かされる。胆力を喰らう醍醐味。

ハルビンの料理人と、東京で出会えた。ささやかな幸福。

岐阜屋《ぎふや》（新宿西口）

豆板醤のピリリは酒のアテになるが、ポイントは塩を効かせすぎていないこと

子供の頃からカウンターが好きだった。臨場感はエンタテインメントであり、誰が作っているのか体感できることは安堵だった。鮨屋はこの二つが一体化し、店の人格が伝わる空間なので、一時ハマった。かなりハマった。

思い出横丁に「岐阜屋」あり。いや、新宿に「岐阜屋」あり。この店を愛する者なら、断言するだろう。

ここにはカウンターしかない。だが、席数は55もあり、一続きで二層に跨っている。二つの商店街に属しており、仲通りに面している方を「上」、柳通り（線路通り）に面している方を「下」と、私は呼んでいる。上は1人飲みに適したハードボイルドな場であり、下は一見の客も入りやすいカジュアルな雰囲気。上はやや暗め、下は開放的と、違う2店が連結されている趣もある。

二つの顔を持つ男。だが「岐阜屋」の魔力は、店の人格にあるわけではない。

普段はもっぱら上で飲むのだが、今日は下。「木耳玉子炒め」は、「蒸し鶏」「餃子」と並ぶ人気3大メニューのひとつ、「ほとんど看板商品」と、堤正秀社長は言う。

豆板醤のピリリは酒のアテになるが、ポイントは塩を効かせすぎていないことだ。いつ食べても、この絶妙なバランスに唸る。

「今は濃い味ってあんま流行《はや》んない」

堤社長はあっけらかんと答える。誰もが昭和を意識する横丁の風情の中に現代がある。

木耳玉子炒め

心

韮レバ炒め 650
麻婆豆腐 600
木耳玉子炒め 600
中華丼 650
高菜チャーハン 750
チャーハン 650
グレープフルーツ
半分

新宿・思い出横丁の店。「客層含め、カオスだよね」

「きくらげはスープに入れて泳がせる。あったかくして風味をつけ、それから炒める。全部いっぺんにやっちゃうとダメ」

たまごも1度炒めてとっておき、最後に鍋に戻して、あわせる。だから、美味しくなるのだ。

師匠と呼ばれる料理人に作ってもらった。円満なルックス。下はやはり明るい。

きくらげたまご、お願い！

食べてる先から、注文が次々入る。

「思い出横丁の店はみんな仲がいいんだよ。お客さんがハシゴするからね。次はあの店がいいよ、なんて教え合ったりして。ウチで〆る人もいれば、ウチから飲み始める人もいる。客層含め、カオスだよね（笑）」

終着駅は始発駅。

カウンターは1人になれる場所であり、横に誰かが座ってくれる場所でもある。どっちもいい。

きくらげがあるから、たまごもある。

これからは、「岐阜屋」の上をきくらげ、下をたまごと呼んでみようかな。

岐阜屋（新宿西口）

東京都新宿区西新宿 1-2-1
☎ 03-3342-6858
［日～水］9:00 ～ 25:00
［木～土］9:00 ～ 26:00
無休
「木耳玉子炒め」600 円（税込）

餃子荘《ぎょうざそう》　ムロ

（高田馬場）

「五目焼きそば」には、
きくらげがのっている

とんかつ、鰻、ラーメン、ビストロ、蕎麦、ベトナムのバインミー。高田馬場には佳い店がたくさんある。閉店したが足繁く通った焼肉屋さんもあった。

高田馬場には、映画ファンの聖地の一つ「早稲田松竹」もある。東京を代表する名画座。ある日、ここでロベール・ブレッソン監督の「たぶん悪魔が」という1977年作品を観た。過激な映画。緊張感がずっと持続していた。

映画に合わせて食事をすることがある。フランス映画を観る前にフレンチを食べたり、韓国映画の後にマッコリを飲みに行ったりもする。

ブレッソンの緊張感に相応しいのは、初めての店を訪れることだった。

かなりの人気店。運良く電話で席がとれた。常連客で賑わうカウンターの一角に一見の客として座る。緊張。これだ。

だが、令和6年に創業70年を迎える老舗「餃子荘　ムロ」は初めての客にも優しかった。磨き上げられたカウンター。多種多様な餃子をたらふく食べて、飲んだ。常連が〆に頼んでいた焼きそばが気になったが、辿り着けなかった。

その後、発見した。「ムロ」の「五目焼きそば」には、きくらげがのっている。麺には、焼けたたまごが絡んでいる。これは、焼きそば版きくらげたまごではないか！　きくらげたまごとわたしの旅は、どうやら終わりに近づいていた。

10代の頃から28年間「ムロ」を支えてきた店主、岩室建治さんは、店のレシピの全てを伯母さんから学んだという。

五目焼きそば

少し焦げたものも、焦げていないものも、その違いをあえて

「口で教えてくれる人ではなかったので、目で見て憶えました」

伯母さんは「五目焼きそば」のたまごを膨らませ分裂させ、不揃いに焼いた。

「そうすることで同じ素材でも違う味になる。少し焦げたものも、焦げてないものもある。違いをあえて残してました」

建治さんは見栄えを考慮して、伯母さんよりは焼き目を入れているそうだが、たまごの状態がまだらになることで、一体化した麺と油はべらぼうな旨さを発揮。塩や五香粉《ウーシャンフェン》など限られた味つけとは思えない広がり。どこか懐かしい滋味深さも大きな魅力。

具は、もやし、ニラ、紅一点の彩であるカニ缶の身。そして、きくらげ。

「好きな人が多いので、1人客には大ぶ

りを2つ。4人客には小ぶりを4つ。取り合いにならないように（笑）。ちなみにチャーハンについてるスープは、ニラときくらげのたまごスープです」

な、なに！　スープ版のきくらげたまごまであるのか!!

料理って、果てしない。

「私たちはエサを食べているわけではないですよね。だから料理には、色々な食感があるのだと思います」

きくらげ、たまご、カニ身、ニラ、もやし。「五目」のハーモニーは食の原点。また一つ、大好きな店が増えた。

餃子荘 ムロ（高田馬場）

東京都新宿区高田馬場 1-33-2
☎ 03-3209-1856
［月～土］17:00 ～ 22:00（LO 21:30）
日曜休み
「五目焼きそば」950 円（税込）

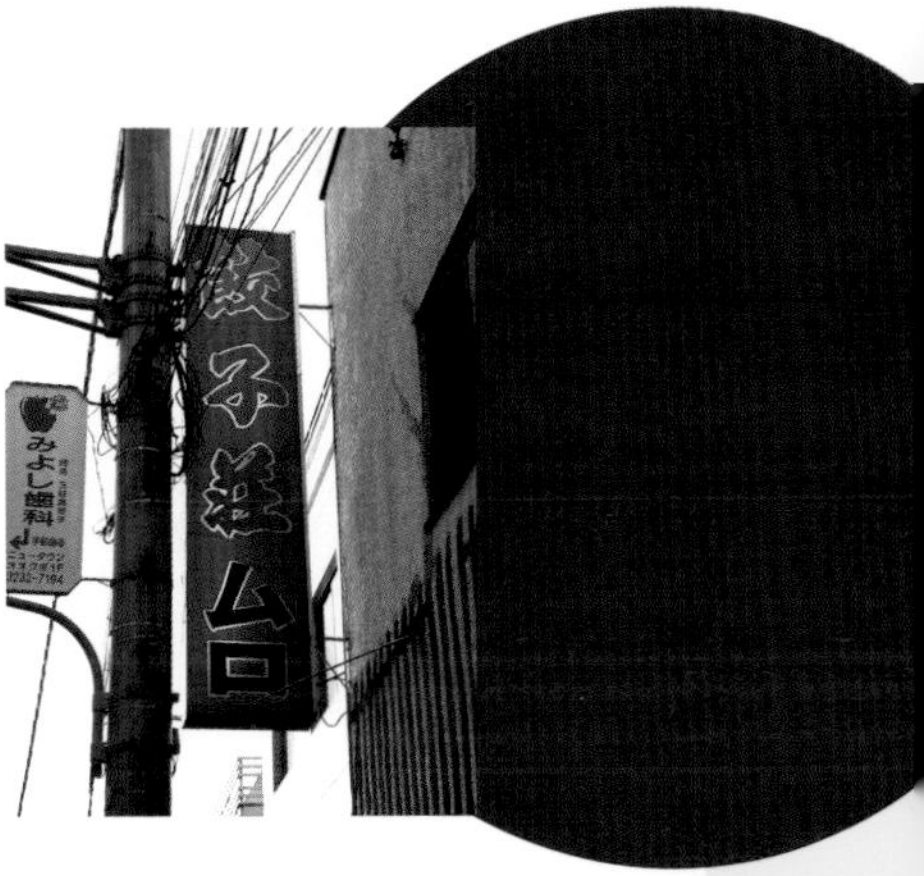

水新菜館《みずしんさいかん》
水新《みずしん》はなれ　紅《くれない》
（浅草橋）

ワイン×きくらげたまご
スペシャルな店のコラボレーション

玉子ときくらげのうま煮

マスター。ある客は親近感を込めて呼び、ある客は最大限の敬意を表する。浅草橋「水新菜館」のマスター、寺田規行さんがワインと出合ったのは高校生の時。映画『007／ロシアより愛をこめて』のオリエント急行の食堂車、舌平目のムニエルに赤ワインを合わせたことで、スパイがスパイだとバレるシーンだった。それの何が変なのかはわからなかったが、ワインに興味を持った。まだ飲んだことのない飲み物に憧れた。

　大学では食品科学を学んだ。醸造学科がまだ日本にはなかったからだ。実家はフルーツパーラー。ラーメンや焼きそばも出していた。継ぐことになり麺類を拡張させ中華料理店とした。

　仕事終わり。弟さんと毎日のように調理場でワインを飲んだ。お気に入りはボルドーの白。ある時、同じワインでも製造年で味が違うことを知った。ヴィンテージの発見。やがてコレクターになり、店でもワインを振る舞うようになった。

「元気よく！　威勢よく！　やるのが好きなんでね」

　老舗「水新菜館」は料理もお酒も素晴らしいが、マスターの微に入り細に入りのおもてなしが同じくらいのご馳走。おしぼりの提供も名調子の娯楽と化す。東京中華の粋なプレリュード。語りかけることで、もう食事は始まっている。

「実験したことがあるんです。料理の説明をして食べてもらうグループと、説明しないグループに分けて。一言添えるかどうかで美味しさが変わります」

ムースーローは色々なアプローチができる、ソムリエ冥利に尽きるテーマ

ヨーロッパや香港の一流店を巡り、肌で知ったサービスの大切さ。マスターは、全方位から客が「美味しくなる」可能性を探り、そのために心を配る。トレードマークの蝶ネクタイが、わたしたちを見つめている。だから「水新菜館」の料理はあたたかい。

息子の泰行さんは高級ホテルで研鑽を積み、一流レストランでソムリエとして活躍した後、実家に戻った。「水新菜館」に尽力しながら、ワインバー「水新はなれ　紅」を平成30年にオープン。予約困難店に成長させた。両店は中で繋がっており、「菜館」の料理が「はなれ」で食べられる。逆に「はなれ」のワインが「菜館」にお出ましもする。常在のソムリエがワインを町中華料理に合わせる。こんな店は他にない。そこで。泰行さんに「玉子ときくらげのうま煮」をテーマにワインをセレクトしてもらった。

味わうのは、多彩なワインイベントの開催で知られるステラマリーの秋山まりえさん。ソムリエールの経験もあり、自身の会では中華とワインのマリアージュも追究している彼女が「水新菜館」×「水新はなれ　紅」のコラボレーションを体感。泰行さんとの対話から「きくらげたまご」の可能性が浮かび上がる。

ワインバーにおいては、ソムリエとゲストのやりとりも大切なマリアージュ。マスターが語った通り「言葉」がワインを料理を何倍も美味しくしてくれる。

「水新さんのお料理のダシ感に、ワイン

のおダシをどう合わせるか。愉しみにしています」とゲストが口火を切れば、「そう、おダシなんですよ。料理に使われる中華スープとワインは相性がいいんです」とマスターが目を細める。料理にもワインにも複雑な工程がある。背景が味に宿る。優れたワインは「ダシ」を感じさせる。

「今日は4種のワインをご用意しました。まずは、アルザスのゲヴェルツトラ

ミネール（ワイン品種）をどうぞ」とソムリエ。

「甘やかな香り…いいですね…これはもう合わないわけがない。やはり、お父様の味を理解しておられる。このワインは、どんなムースーローでもいいというわけではないですよね。お料理のあんに、強すぎないまろやかな甘みがあり、そこに合わせていらっしゃる。ワインに合

わせるという意味ではたまご料理って難しいんです。ワインによっては、硫黄っぽさを助長してしまいますが、そこをマスキングしている。さらに、ふわふわたまごが、とろみを纏《まと》っているので、よりなめらかに口に入る。このゲヴェルツは濃厚ですが、すごくエレガントなので、そこもパーフェクトですね」とゲストは感動。

「そうなんです。ゲヴェルツはたまごに合わせています。ストーリー性からもゲ

ヴェルツはいいと思いました。白ワインにはお花の香りがあります。こちらはフレッシュで、それもオレンジ色のお花＝金木犀のような香りがあります。ムースーローはもともと、たまごを金木犀のお花にたとえたお料理。香りだけでなく、味わいとしても、ゲヴェルツは残糖感があるので、たまごの甘さとベストマッチしてくれます」とソムリエはにっこり。

「このとろみとまた合いますね」

ゲストが微笑む。ソムリエが反応する。

「たまごときくらげって、イメージとしては油揚げのように、料理をブーストさせてくれるものだと思うんです。旨味やソースを絡めて、そのまま頬張らせてくれる。それはワインの旨味とも合います」

「これは最高。個人的にアロマティック品種が好きだということもありますが……ヴィオニエも合いそう。あら、ヴィオニエでも知られるギガルがありますね」

「はい。南フランスの帝王、ギガルのロゼを、ムースーローの豚肉の部分に合わせてみようと思います」

「中華とロゼは非常に合いますね。ロゼなんて…とおっしゃる方は、あまりワインをご存知ないのかも」

「ロゼには白ワインにはないタンニン＝渋味がありますが、この渋味が豚肉のニュアンスに合います。噛み締めた時のお肉感にロゼを合わせる。豚肉はロゼ色に焼いたりもしますよね。豚肉には白も赤も合わせられますが、いちばんしっくりくるのはロゼだと思っています」

「豚肉にも鶏肉にも合うので、私も迷った時はロゼを選びます。まだまだ日本ではロゼの認知度は低いですね」

「中華のフルコースを最初から最後までロゼで通してもいいくらいなのに。ムースーローって、中間的なお料理だと思うんですよ。お肉でもなく、お野菜でもなく、たまごだけでもない」

「不思議なお料理ですよね」

　するとマスターが一言添えた。

「たまごを1回炒める。それにスープを入れて煮込むという料理はまずないと思います。1回調理したものをまた煮込む。ここがポイントです」

「あんかけって、ほんと幸せにしてくれますね。とろみが生かされていて、豚肉の歯触りも全然違います」とのゲストの声には「豚肉は1回衣をつけて唐揚げにしてから、合わせています。やはり調理したものにとろみをかける」と答えた。

「この手間によって、全てが一体化しています。ワインがそこに寄り添ってくれるのがまた素晴らしい」

「では、次はアルザスのピノ・ノワール。これはオイスターソースに合わせました」

「アルザスのピノノワールとは思えないほどの果実味！　中華にはこれくらいフルーティなワインも可能性を感じます」

「オイスターソースには牡蠣のイメージがありますが、濃縮でお醤油のニュアンスに近づく。ピノのようなエレガントなワインは、たまごの優しさやきくらげの食感に合わせると面白い」

「きくらげはキノコなので、ミネラルも感じます。アルザスのワインはミネラル感が強いので、今日の白、赤、共に合いますね。それにしても隠し味に焦点を当てるのは素晴らしいアプローチ。黒酢にピノは定番ですが、あんかけは発見でした」

「ムースーローは色々なアプローチができる。ソムリエ冥利に尽きるテーマです」

「本当に様々な要素のある一皿。最後はオレンジワイン。相性いいですね！」

「少しトリッキーですが、ジョージアのアンバーワインをご用意しました。発酵系の中華にも合わせやすい。お醤油と同じく、ダシっぽい特徴があります」

「紹興酒っぽいニュアンスも」

「はい。そこをお醤油に合わせました」

「お料理がしっかりしているから、このくらいワインが強くても合いますね。ジャスミン茶のような趣もあるし」

「ムースーローというお料理は汎用性があります」

「それにしても、一皿で4種のワインとは！」

「これが、たとえばエビチリとか麻婆豆腐だと、こういうわけにはいきません」

　息子の泰行さんは、4種のワインで、「きくらげたまご」を分解・解析した。白をたまごに、ロゼを豚肉に、赤をオイスターソースに、オレンジを醤油に合わせた。その審美眼と方法論もさることながら、彼の人当たりが、一つのメニューの奥深さを丁寧に紐解き、伝えてくれた。

「自分のルーツは『水新菜館』。父の接客は小さい頃から見ています。一番そばにいる尊敬できる人が、自分を形成してくれた。実は私、接客ができれば、どんな仕事でも良くて。巡り合わせからワインバーをやらせていただいてます」

　料理をサーブすること。ワインをサーブすること。心と心がマリアージュする。

　一つの継承を超えて、父と子は今夜も一期一会の共同作業を創る。それは映画に似ている。「水新菜館」の「玉子ときくらげのうま煮」は、宝石箱のように煌めく。料理とワインが、作り手と食べ手が、目と目を合わせるから、キラキラが生まれる。

水新菜館（浅草橋）

東京都台東区浅草橋 2-1-1
☎ 03-3861-0577
［月～土］11:30 ～ 14:30（L.O）
17:30 ～ 20:45（L.O）
日曜・第 2 第 4 土曜休み
「玉子ときくらげのうま煮」1600 円（税込）

水新はなれ 紅（浅草橋）

東京都台東区浅草橋 2-1-1
☎ 03-5839-2077
［月～土］18:00 ～ 23:00
日曜・第 2 第 4 土曜休み

きくらげあらかると

「木須肉」（ムースーロー）について。
また、きくらげ自体の
健康効果についてなど、
もうすこし様々な方向から
「きくらげたまご」と「きくらげ」を
みていきましょう。

文＝小林淳一（玉子区木耳町内会）
写真＝星川洋助（玉子区木耳町内会）

ムースーローってなに？

木犀

「ムースーロー（木須肉）」。日本では古くから「豚肉ときくらげの卵炒め」として食べられてきました。中国の山東省で誕生した炒め物です。山東料理（魯菜）とは、山東省発祥の料理のこと。中国で最も歴史のある料理の一つであり、中国四大料理（中国八大料理）の一角を担っています。餃子や北京ダックのルーツもここにあると言われているようです。

「木須肉」という名前について見てみましょう。炒めた卵をキンモクセイの花に見立てたことに由来するそうです。キンモクセイの「木犀（muxi）」が、似た発音で簡単な漢字の「木須（muxu）」に置き換わったとのこと。元の字は「木犀肉」だったのですね。

　きくらげを実際に買っている方は少ないかもしれません。「生きくらげ」「乾燥きくらげ」があり、通販では「パウダー」なども販売されています。きくらげは現在、90%以上が輸入商品なので、国産にこだわる方は表示をよく見ることと、通販などでも買うことができます。新潟県南魚沼で育った「魚沼ゆきくらげ」というブランドきくらげなどもあります。また、通販では栽培キットなども販売しているので、自分できくらげを育ててみるというのも楽しいかもしれません。

きくらげは、ビタミンD、食物繊維が豊富な低カロリーの健康食材です

きくらげは、栄養素も豊富です。

くらげとついていますが、海産物ではありません。その食感が海のクラゲに似たところからついたようです。きくらげは第3の生物。これは、植物のような葉緑素ももたず、動物のように移動もしない、「菌類」に属します。キノコの一種。

きくらげが豊富に含んでいるのが何といってもビタミンDです。ビタミンDは食事からと日光からの生成という二つの方法で接種が可能です。しかし、紫外線を浴びすぎるのも健康的には問題があります。あん肝やヤツメウナギなどはビタミンDが豊富ですが、日常的に摂取できる食べ物でもありません。魚離れも進んでおり、日本人の9割がビタミンD不足といわれています。そこでキノコ類がおすすめで、その中でもダントツなのがきくらげなのです。エリンギの9倍、シイタケの50倍の含有量です。ビタミンDは免疫機能を高めること、カルシウムの吸収を助けることなどで知られており、ぜひ、きくらげを食べていただきたい。

ほかにも食物繊維が豊富。カルシウムや鉄分、亜鉛などのミネラル分もたっぷり含まれています。しかも低カロリー。健康のためのスーパー食材と言えるでしょう。

実際に「きくらげたまご」を作ってみよう

フード・コーディネート＝まちやまちほ

材料（2人分）

卵 …… 4個
塩、こしょう …… 各適量
油 …… 大さじ2
ごま油 …… 小さじ2
きくらげ（乾燥） …… 12g
（水でゆっくり戻す。約120g）
豚こま切れ肉 …… 80g

A
- 水 …… 100ml
- 鶏ガラスープの素 …… 小さじ2
- 紹興酒 …… 小さじ2
- 片栗粉 …… 小さじ1
- 豆板醤 …… 小さじ1/2
- すりおろしニンニク（チューブ） 1cm

作り方

準備として、きくらげをたっぷりの水で戻す

❶ ボウルに卵を割り入れ、こしょうを軽くふる。

❷ 豚こま切れ肉を一口大に切り、色が変わるまで熱湯をかけたら水分を切っておく。

❸ Aの調味料を混ぜ合わせておく。

❹ 熱したフライパンに油をひき、①を入れ強火で半熟状になるまで炒める

「きくらげたまご」を実際につくってみましょう。レシピはこのページの通りですが、今回担当していただいたフード・コーディネーターのまちやまちほさんにポイントなどを聞いた。

●

家庭では乾燥きくらげを使うことが多いと思いますが、戻し方がひとつのポイントとなります。袋にはぬるま湯で15分と書いてありますが、それだと石付きの部分が固いです。ずっと置いておけば柔らかくなります。今日は5時間置きましたが、前の日から漬け戻すのがオススメです。戻してから日持ちもします。火加減が重要。強火で一気に火を入れることがポイントです。ごはんにより合わせるなら、オイスターソースを足すのがいいでしょう。ほかに入れる食材なら、玉ねぎは見た目にもしっくりきます。彩りがほしいなら、にんじんとか小松菜とか。赤と緑が映えます。きくらげを利用したほかの料理としては、焼きそばに入れたらおいしいですし、スープに入れるのもいいですね。刻んで和え物もおすすめです。

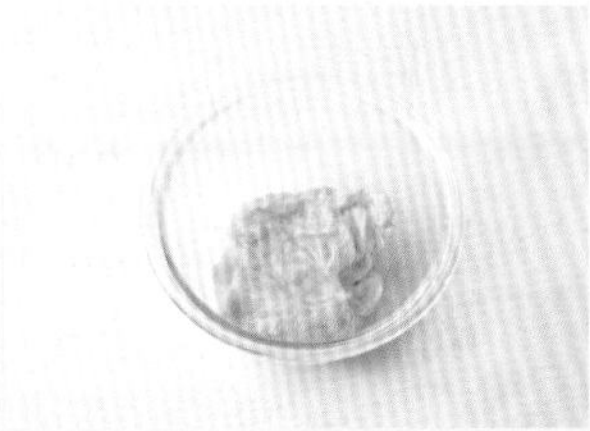

❺ 元のボウルに取り出す。

❻ ④のフライパンにごま油をひき強火のまま、きくらげと②を炒める。

❼ ⑥にAを入れとろみがついたら⑤を加え、卵をほぐしながら全体を絡めるように炒め合わせ完成。

「きくらげたまご」ではない「きくらげ料理」を探してみました

キクラゲピーマン炒め

「きくらげたまご」はもちろん美味しいけれど、「きくらげ料理」を食べてみたい、ということで、2軒のお店を取材。

1軒は東池袋にある「サン浜名」。実はこのお店、令和5年1月24日放送の「町中華で飲ろうぜ」で紹介されました。そのとき、高田秋さんがメニューを見て「きくらげたまごもあるけど、食べたことないから、キクラゲピーマン炒めをお願いします」と注文。これは食べてみたいと取材敢行。

出てきたのは「キクラゲピーマン炒め」、さらに「キクラゲエビ炒め」。たまごのふわふわ感はないものの、それゆえ

サン浜名（東池袋）

東京都豊島区南池袋 2-43-16 2階
☎ 03-3985-1767
［月～金］11:30 ～ 14：00
17：30 ～ 25：00
［土］予約があれば営業
［祝・日］17：30 ～ 25：00
＊午後帯も予約あれば営業
「キクラゲピーマン炒め」950円（税込）
「キクラゲエビ炒め」1,300円（税込）

キクラゲエビ炒め

キクラーぽん

まるか（四谷三丁目）

東京都新宿区左門町３番地１
左門イレブンビル１階Ｃ
☎ 03-6273-1525
［月～土］17：00 ～ 27：00
［祝・日］16：00 ～ 23：00
「キクラーぽん」390円（税込）

に、ピーマンとエビの食感が際立つ。

店主の佐藤彰男さんに聞きました。

「意外と玉子がダメな人、いらないという人がいたんだよね。そこで閃《ひらめ》いた。ピーマンが好きな人、エビが好きな人に向けて作ろうと。うちは味も塩だけでシンプル。エビのぷりぷり感が人気なんだよ。きくらげと食感も合うでしょ。ピーマンとエビ、両方入れてくれなんてお客さんもいるよ」

もう1軒は四谷三丁目にある「まるか」。独特の煮込み料理が有名な店です。こちらが出しているのが「キクラーぽん」。ポン酢とラー油ときくらげを和えたシンプルな料理。きくらげ自体を楽しめる一品。店主の須田克彦さんは語る。

「できたのは偶然。試してみたら、できあがった、という感じですよね。お客さんには評判いいですよ。結果としてだけど、お酒にも合うみたい」

まだまだありそうな「きくらげ料理」、探してみませんか？

小宮山雄飛（ホフディラン）が啓ちゃん（荻窪）で、きくらげたまごを、喰らう。

文＝相田冬二（玉子区木耳町内会）
写真＝星川洋助（玉子区木耳町内会）

音楽界のグルメ番長。食に興味を持つ人であれば、たぶんこの異名を知っているだろう。ホフディランの小宮山雄飛さんのことである。

小宮山さんに「きくらげたまご」を食べてほしい。わたしたちのそんな願いを快諾してくれた小宮山さんに、どこで食べたいですか？　と訊くと「啓ちゃん！」と即答。未訪問ながら、ここで食べてみたかったそう。さすがグルメ番長だ。

荻窪「中華屋 啓ちゃん」は、町中華界の若きエースと呼んでも過言ではない。食の名店がずらり並ぶこの町で、同業者たちからも熱い注目を浴び続けている。インスタ映えする「オムチャーハン」も大人気だが、なんと言っても開店以来の看板メニューは「木耳玉子定食」。店主・幸田啓さんの抑制とダイナミズムが同居した技術が宿る一皿で、いつ食べても心とお腹が感動する。

味噌汁のお椀で供される中華スープも、黄色い沢庵（きくらげたまごカラーだ！）と共にがっつり盛られたごはんも、とにかく美味しい。定食の鑑とも言える満足度も高く、幸田さんの姿勢が眩《まぶ》しい。

料理も好きで、食のイベントをプロデュースすることもある小宮山さん。興味深そうに幸田さんの調理風景を見守る。

幸田さんは「若い人も入りやすいように」と、数年前からポップミュージックを流すようにした。ネオンもキュートな、音楽の流れるカウンター。幸田さんの金髪もすがすがしく、気分のいいお店だ。

「めちゃくちゃ美味しいですね！」と小宮山さんの第一声。

ここは
路上禁
凍結品
営業中
DRINK
2F
Bar Soar
www.barsoar.com

ガッツリ濃い目で、ごはんが食べたい

「たまごが、しっかりと、ふわふわトロトロの中間の仕上がりで、すごくまとわりついてくる感じがあります。ガッツリ濃い目で、ごはんが食べたくなりますね」

　硬めに炊き上げたごはんは、幸田さんのこだわりで400グラムのボリュームが定食のデフォルトだ。

　小宮山さんが言う通り、ここは、硬すぎず、柔らかすぎずの絶妙なたまごの質感。トロッとしていて、ごはんが進む。れんげで食べても、箸で食べてもいい。隅々まで行き届いた料理だ。

　小宮山さんは、きくらげ愛好家である。

「僕、きくらげ、めちゃくちゃ食べるんですよ。食べ放題のお店で、きくらげがあるときはかなり取っちゃいますね（笑）。スーパーで買って、家でもよく食べています。きくらげって、栄養バランスに優れていて、繊維質がすごくある。ミュージシャン仲間にもよく『きくらげを食べよう』と声をかけてますが（笑）、みんな中華料理屋さんでしか食べたことがないと言いますね」

　確かに。きくらげとの初めての出合いが町中華だったという人は多い。

「なんで好きなんだろう。キノコが好きだからかな。この場に呼んでいただいて、こんなこと言うのもなんですが、僕は食べることが好きなだけでグルメなわけではないんですよ。きくらげがどういう味なのかはわからない。歯ごたえ重視派なので、このコリコリ感は大好きですね。他にないものだし、きくらげたまごの食感の違いは、つまみになりますね。ちびちび食べられるものがいいんです

よ」

この日は、ごはんと共に味わったが、小宮山さんは大のお酒好き。

「ビールもいいけど、ここなら紹興酒かな。ちょっと甘めなので」

丁寧に「啓ちゃん」の看板メニューをいただく小宮山さんの姿からは、食べることへの根本的な敬意が感じられる。

「中華料理なら、やはり炒めもの。ちびちび飲めるんですよ。なんでもつまみになります。スープでも、チャーハンでも。

このコリコリ感は大好き、
きくらげたまごの食感の
違いは、つまみになるね

でも、一品か二品ですね。お酒の先輩の太田和彦さんと対談した時、『自分の陣地を広げてはいけない』と教えられました。限られたスペースに何品も置いたら、みっともない。できるだけ、こじんまりと、1人で飲む。食べ終わったら、また頼めばいいんですよ。あと、好きなものって、わーっと一気に食べちゃうじゃないですか。それもいいんだけど、お酒と一緒にちびちびもいいものですよ」

飲み会の前後に、1人飲みすることも多いという小宮山さん。食べることを愛する大人ならではの嗜みが、そこにある。

中華屋 啓ちゃん（荻窪）

東京都杉並区天沼 3-31-35
☎ 03-3392-0805
［火〜金］11:30 〜 22:00
［土・日］11:30 〜 20:00
月曜休み
「木耳玉子定食」850 円（税込）

中華料理なら、やはり炒めもの。ちびちび飲めるんですよ。なんでもつまみになります

みんなで食べても美味しいが、きくらげたまごには1人飲みがよく似合う。ところで小宮山さん、どうして「啓ちゃん」を選んだんですか？

「えーと、なんでだったかな……あ、この本！」

店内に『「町中華で飲ろうぜ」オフィシャルブック編』（小社刊）があった。

幸田さんが嬉しそうに声をかける。

「高田秋さんも、ウチのきくらげたまご、気に入ってくれたんですよ」

「そうだ、この本で見てたんだ、啓ちゃん。この本、持ってるんですよ。それで、啓ちゃんに行きたいなと思ってたんです」

小宮山雄飛

1973 年生まれ、東京都出身。ホフディランのボーカル・キーボード担当。渋谷区観光大使兼クリエイティブアンバサダー。テレビ、ラジオ番組の出演、コラム連載などを多数こなす。カレーレシピ本の出版など食のシーンでも活躍。ホフディランの最新アルバム「IslandCD」が発売中。

小宮山雄飛、啓ちゃんに聞く。

たまごに丸みがあるので ウチはタレを強めにしています

小宮山雄飛（以下、雄）　もともとは？

幸田啓（以下、啓）　新中野の「尚チャンラーメン」で修行してました。

雄　そうなの！　だからドカ盛りなんだ。尚チャンラーメンはミュージシャンがみんな行ってるんですよ。あそこは古いですよね。

啓　僕が生まれた年に出来たお店なんです。昭和61年。

雄　僕が学生の頃からあるもんな。

啓　木耳（玉子定食）は、尚チャンの名物で、その流れなんです。尚チャンはたまごを結構固めに焼くんですが、ウチは柔らかく焼いてます。

雄　焼いたたまごを1回出しますよね。あれが大事なんですか？

啓　そうですね。食感に差が出る料理。たまごがふわっとしてて、玉ネギがシャキッとしてて、きくらげがコリッとしてて。

雄　家庭料理だと、全部一緒にやっちゃいますね。で、もっとグチャグチャしちゃうんですよ。

啓　たまごだけ、後から絡める時に、ちょっと崩しながらやると、ああいう感じになります。

雄　どこでもああいう感じなの？

啓　いや、店によりますね。たまごがグズグズになってるところもあれば、しっかり焼いてるところもあります。店によってはタレがサラッとしてたりも。たまごに丸みがあるんで、ウチはタレも強めにしてます。400グラムのごはんに合うように。

PURCARI
1827
VIORICA
DE PURCARI

龍圓《りゅうえん》（浅草）で、きくらげたまごを作っていただいて極上のワインを合わせてみました。

文＝相田冬二（玉子区木耳町内会）
写真＝星川洋助（玉子区木耳町内会）

きくらげたまごを探していて、気づいたことがある。この料理は、比較的リーズナブルな中華料理店ではよく見かけるが、ラグジュアリーな中華料理店のグランドメニューには掲載されていない。

たとえばホテル中華と呼ばれるようなオオバコのお店には見当たらない。コース料理オンリーのお店で、きくらげたまごが供されることもない。木須肉＝ムースーローにどこか家庭料理の側面があるからかもしれない。それはともかく。

きくらげを扱わない中華料理店はある。だが、たまごを使わない中華料理店は皆無だ。たまご料理は、腕の立つ料理人であれば、必ず美味しい。そこで。

浅草「龍圓」の栖原《すはら》一之シェフに、きくらげたまごを作ってもらうことにした。

「龍圓」は東京中華を代表する名店で、昼夜共に、同一のおまかせコースのみを提供。「エスプーマのピータン豆腐」「すっぽんの春巻」など忘れられない逸品で

もてなす。

創作中華の旗手、栖原シェフが、きくらげたまごを作ったらどうなるか。なぜ発想したかといえば、こちらの「かに玉」がすこぶる美味しく、季節によって黒トリュフやサマートリュフをあしらっていたからだ。トリュフかに玉と、きくらげたまごでは、あまりに違うのではないか。いや、漆黒とたまご料理の融合という意味では案外近いのではないか。二つの想いが混在し、栖原シェフがきくらげたまごをどう解釈するかに興味を抱いた。

本書の企画がまだ形になる前、「龍圓」で舌鼓を打った後、思い切って打診した。

もし企画が通ったら、ムースーロー、作ってくれませんか。

「いいですよ」。冒険心豊かなシェフは朗らかに即答。なら最高のシチュエーションで料理をお出迎えし、堪能したい。

ワインセレクトの名手として信頼している秋山まりえさん（「水新菜館」「水新はなれ　紅」のページにも登場。取材は「龍圓」が先だった）に、「龍圓」のきくらげたまごにマリアージュするワインを選んでもらうことにした。

誰も食べたことのない料理にワインを合わせる。秋山さんは「龍圓」の料理を熟知しているとはいえ、これは難題。しかし「マリアージュには冒険も必要」と語る彼女も、快く引き受けてくれた。

辛口でアロマティックなワインでなければ、今回のお料理には合わない

秋山さんが悩んだ末に選んだのは「シャトー・プルカリ　ヴィオリカ」。今、静かに熱い注目を集めるモルドバワイン。老舗ワイナリーがモルドバの固有品種ヴィオリカで造り上げた傑作だ。

まず、たまご料理にワインを合わせるのは難しい、と秋山さんは話す。

「ワインが持っているフルーティーさが、たまごが有する硫黄の香りを助長さ

せる場合があるので、気をつけなければいけません。このワインはアロマティックで、ジャスミン茶のような香りがあり、中華と相性がいい。白桃や白い花のアロマも……エチケットだけでなく、ボトルの中からも花々がのぞくデザインが物語っているようにフローラルなんですね」

秋山さんのお洋服にも可憐な花々が。「それは偶然です（笑）」とのことだが、ワインの彩も含めぴったりだ。秋山さんが代表を務めるステラマリーの設立7周年記念グラスが、ヴィオリカの美しさをさらに際立たせる。このワインの淡いイエローも「きくらげたまご色」に思える。

「栖原シェフのお料理は優しい。ヌーヴエル・シノワでもモダン・チャイニーズでもなく、栖原シェフのオリジナル料理。中華という枠に捉われず、フランスのキッシュ（仏アルザス＝ローヌ地方の郷土料理）もイメージしてワインをセレクトしました。キッシュにはベーコンが入ることもありますよね。それがきくらげたまごでは豚肉に相当するなど。今回、ちぢみほうれん草を使われるとのことでしたが、ほうれん草の入ったキッシュ。辛口でアロマティックなワインでなければ、今回のお料理には合わない。たまごのクリーミーさに寄り添い、

しかし、たまごの硫黄っぽさを感じさせない高度なワインが必要だと考え、ヴィオリカを選びました」

なるほど。キッシュは確かに、きくらげたまごに通ずる点がある。栖原シェフはジャンルに捉われない。秋山さんもそう。中華からフレンチへ、さらにクリーンでナチュラルなモルドバのワインへとイメージを飛翔させた。飲食は旅だ。

さて。栖原シェフは当初から「コースの一品として考える」と明言していた。「この依頼は別に無茶ではないです。通常ウチで出していないだけで。ただ、作

大好きな野菜、ちぢみ
ほうれん草を使うことに。
そして、きくらげは生で

る以上は炒め料理として、コースの一品を張れるクオリティーまで持っていかなければいけない。大好きな野菜、ちぢみほうれん草を使うことにしました。そして、きくらげは生で。生きくらげの旬は6、7月ですが、それはたくさん採れる時期というだけで、美味しいのはむしろ冬場（本取材は1月）。たまごは、1年のうちで今がいちばん美味しい『寒卵』に。豚は、バラ肉ではなく、内腿の肉にしました」

完成した料理は、まさに芸術。特に、たまごと豚肉の調和。下ごしらえの段階でお肉に卵黄を練り込んでいるため、一体感が半端ない。黄色く見える豚肉。内腿ならではの柔らかさ。

「簡単な理屈なんです。旨味は外に出したくない。余分な油は要らない。でも必要な油脂はある。その油をたまごに乳化させることがポイント」

「このワインはアフターに僅かな苦味があり、ちぢみほうれん草のグリーンノートにも上手くフィットしました」と、秋山さんもマリアージュを反芻する。

そして、生のきくらげの味わいは圧巻。キノコの次元を超え、フレッシュで新しいタイプの野菜を頬張っているときめきがある。葉ニンニクでの微かな香りづけも、シェフならではのセンス。

来るべき季節の息吹きを感じさせる料理に、綺麗な抱擁力のあるワイン。絶妙にして極上のマリアージュ。栖原シェフと秋山さんにお願いしてよかった。これはきっと「きくらげたまご革命」だ。

「2004年にジャンルの垣根がないイタリアンのシェフと出会い、僕はガラッと変わりました。たまたま中華鍋を握っているだけ。気持ちはグローバルです。変わった人が大好き。クリエイターとして農業やってる人とかね。そんなストーリーに出合いたくて、産地に赴く。僕自身はいたってノーマルな一般人ですけどね（笑）」

なんてこと言いながら、撮影ではなぜか歌舞伎顔をキメてしまう栖原シェフ。

「ソムリエという仕事は、料理にワインを合わせるだけでなく、時にはワインに料理を寄せる場面も。私はどちらかがどちらかに合わせるのではなく、それぞれにとっての相乗効果を目指しています。マリアージュ次第で、1＋1＝3以上になるケミストリー（化学反応）が起きる。だからこそ、驚きや感動が生まれる。それが、出合いというものですよね」

秋山さんの言葉が沁みる。

食べることと飲むことも。人と人も。本と読者も。どうか互いを高め合うサプライズが誕生しますように。

龍圓（浅草）

東京都台東区西浅草 3-1-9
☎ 050-5596-3172
［火～日］12:00 ～ 13:15（L.O.）
18:00 ～ 20:00（L.O.）
月曜休み・祝日の場合は営業、
その場合、翌火曜休み

早くも伝説のドラマ「ザ・タクシー飯店」第1話の舞台「丸福」に渋川清彦が、きくらげたまごを食べに帰ってきた。

文＝相田冬二（玉子区木耳町内会）
写真＝星川洋助（玉子区木耳町内会）

定番のチャーハンでお手並み拝見といくか。

もう一品頼みたい。

なんにしよう。

「お待たせしました。お冷どうぞ。ご注文お決まりですか」

「はい。チャーハンください。あと、きくらげ玉子炒めもお願いします」

●

令和4年にテレビ東京系で放映された深夜ドラマ「ザ・タクシー飯店」（以下、「タク飯」）の第1話「志村坂上 中華料理 丸福」のワンシーン。主人公・八巻孝太郎はモノローグでは迷っていたが、店の女将さんが水を持ってきた時、メニューを一瞥、追加の一品をすっと決める。

グルメドラマは数多く作られているが、町中華好きのタクシー運転手という着眼、店を営む実在の人々の登場、丁寧に綴られる客側の物語、そして主演・渋川清彦さんの味のある名演によって、破格の仕上がりに。たちまち視聴者を虜に

味自慢
中
¥850

した。その珠玉の初回の舞台になったのが、志村坂上「中華料理 丸福」。ドラマは各話のタイトルを登場する店名にしているが、そのリスペクトを最もダイレクトに感じさせる回になった。

渋川さんが「丸福」を再訪し、また、きくらげたまごを食べてくれたらいいな。

多くの「タク飯」ファンと同じく、わたしは「丸福」に出かけ、八巻と同じ二品を食べながら、そんなことを夢想した。

普段はあんなに姿勢良く
食べていませんよ（笑）。
八巻は食に敬意を持っている

夢は叶った。が、その日、如月の東京に雪が降った。雪の中、渋川清彦さんは「丸福」に来てくれた。八巻が被っていたあの帽子で。訊けば私物で、ドラマで着用していたのと同じもの。リアル八巻である。「タク飯」ではシャツもお気に入りの私物で、ベストやパンツも番組のスタイリストが渋川さん本人に寄せたセレクトだったそう。

「監督（片桐健滋）が、助監督の頃からよく知ってるヤツなんで。自分の性格も知ってくれてるし、やりやすいように準備してくれて。ホン（脚本）もそうなってましたね。あんまり何も考えずにやってた感じですね」

八巻孝太郎と渋川清彦さんの印象はかなり重なる。違うのは、八巻より少しワイルドで、憧れてしまうような不良性。

そして、八巻のフォームを決定づけているのは、食べる時の姿勢だ。背筋がピンとしていて、見ていて気持ちがいい。「そこは意識してました。普段はあんな

に姿勢良く食べていませんよ（笑）。気をつけていたのは食べ方だけですね。八巻は食に敬意を持っている。自分としては、そのつもりでいました」

敬意。それは渋川さん本人が有しているものだと、この日、あらためて感じた。

カウンターから厨房を覗きながら「紹興酒使ってるんだ」と好奇心たっぷりにボソッと呟いたり、いざ料理が出来て受け取る時には、満面の笑みを浮かべ「これ、久しぶりだなぁ！　あの時の撮影を想い出すよ！」と嬉しそうに言ったりする。気負わず、衒《てら》わず、ごくごく自然体で、そこにいる。こういう人だから、「ザ・タクシー飯店」という素敵なオリジナル作品が生まれたのだ。

●

「お待たせしました。きくらげ玉子炒めです」

「はい。どうも」

きたきた。

お、ここはもやしが多い。
きくらげ玉子炒めも、
店ごとに特徴があるよな

お、ここはもやしが多い。きくらげ玉子炒めも、店ごとに特徴があるよな。

●

「丸福」のカウンターでの八巻のモノローグがよみがえる。

「きくらげは大好きですね。食感が好きです。味噌ラーメンにも炒めたきくらげが入ってるところがありますよね。あれも好きなんですよ」

町中華が似合う人だ。そして、町中華

で食べることに新たな価値を与えてくれる人でもある。

「東京にはいっぱい店があるけど、選ぶのはこういうお店ですね。気どってない。子供の頃から慣れてるからじゃないですか。オレらの頃は、町中華という言葉はなく『ラーメン屋』でしたけどね。『ラーメン屋、行こう』って。そんな感じ」

町中華でよく頼むのはチャーハンとラーメンのセットだという。

「こういうところに来ると、二代目の方が多いですね。ご夫婦でやられているところも多い。こちらもそうですね。代々でやっているからこその良さを感じる。お父さんのお店を子供が受け継いで。そこにドラマがありますね。監督は、そこも考えていたんじゃないかな」

主人公のドラマ。客のドラマ。そして、実在する店のドラマ。この重なりもまた、作品に豊穣さを呼んでいる。

「きくらげ玉子炒めは、先代の時にはなかったんです。きくらげはタンメンに使っていたけれど。こんなに美味しく、ごはんも進むのに。そう思って、私たちが始めました。賄いでもよく食べてますよ」

「丸福」の女将、丸山申子《のぶこ》さんはそう話す。サービスに回ることが多いが、彼女は全メニューの調理ができる、もう1人の料理人だ。

「もやしがなくて、きくらげとたまごだと、また歯応えが違ってくると思うんですよ。あと、もやしを入れないと少ないんです。僕にとっては少ない。僕が白米好きなので、ごはんに合うようにちょっと味は濃い目。おかず一口に、ごはん三口（笑）。そんなイメージです。ちょっと甘めなので、ビールにも合います」

ご主人の丸山利昭さんはニコニコしている。自分の好きなものを作る。あらゆるクリエーションの原点だ。

「時間がかかるような料理ばかり考案するのよね。しかも絶対に手を抜かない」

申子さんが苦笑する。

「結局、作るのが好きなんですよ。バイ

ご主人が作ってる時の顔が懐かしい。作り方にも味があるんですよね

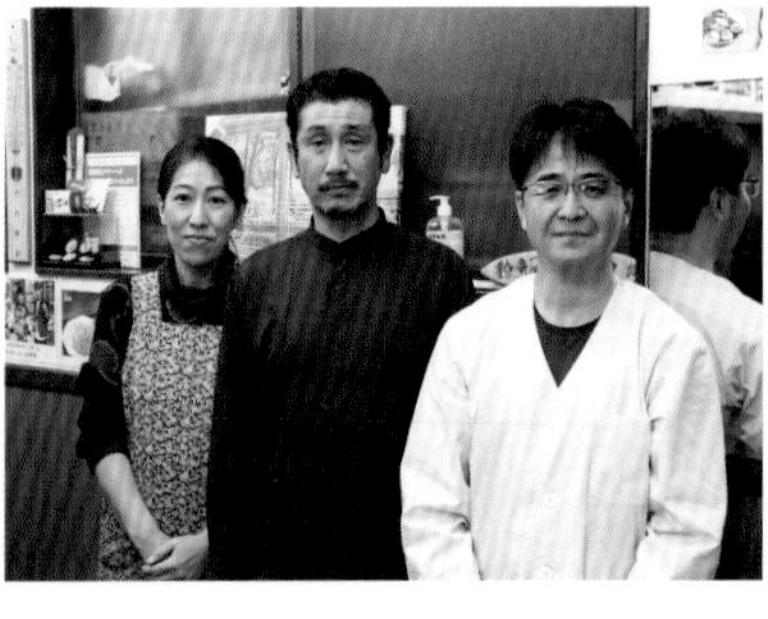

クも好きで、マフラー外したり、エンジンいじったりしてます」

利昭さんは、どこまでも屈託がない。お店特製のスープを加えた「丸福」のきくらげたまごは、汁気たっぷり。

「ご主人が作ってる時の顔が懐かしい。作り方にも味があるんですよね」

渋川さんが微笑む。同じものづくり。演技も、料理も、やっぱり人だ。

そう言えば、「ザ・タクシー飯店」第1話にはこんな名言があった。

●

町中華好きに悪い人はいない。

中華料理 丸福（志村坂上）

東京都板橋区前野町 4-17-2
03-3960-3986
［日～土］11:00 ～ 15:00
17:00 ～ 21:30
不定休
「きくらげ玉子炒め」800 円（税込）

渋川清彦

KEE 名義でのモデル活動を経て、1998 年、豊田利晃監督「ポルノスター」で映画デビュー。大崎章監督「お盆の弟」、越川道夫監督「アレノ」の 2 作品で第 37 回ヨコハマ映画祭主演男優賞を受賞。2022 年に放送された「ザ・タクシー飯店」（テレビ東京系）で主演を務める。

「きくらげたまご」のおわり

この本の編集者、小林淳一くんから、7文字のひらがなを伝えられたのは、いつだっただろう。最初は耳にしただけだったが、いざそれがメールで可視化されたとき、予感が確信に変わった。だが、はたして、なんの確信だったのか。

濁点の位置がいい。きくらげ+たまご。もっと言えば、き+くらげ+たまご。全部ひらがなにすることで、すべてがひとつづきになり、ヒエラルキーがなくなる。なだらかなのに、濁点がいいアクセントになっている。カーチョエペペというパスタが好きなのだが、カーチョエペペそのものが好きというより、あの響きが好き。その好きな感じによく似ていた。

木須肉。ムースーロー。もし、そういうタイトルだったら、ここまで前のめりでやれたかな。やれてない。きくらげたまご。だから、やれた。

この本を、きくらげたまごに捧げます。姫なのか、殿なのか、かわいいのか、イケてるのか、よくわからないけど、きくらげたまご、あなたに捧げます。

みんなと一緒に作った本だ。造ったし、創った。

まず第一に、取材に応じてくださったお店のみなさんと一緒に作った。お店にお邪魔して、ホームに上がり込んで、見せてもらって、食べさせてもらって、お話を聴いた。それが一緒に作ることだった。そこはアウェイじゃなかった。

〝心地いい。音のいい店に間違いはない。〟

「ザ・タクシー飯店」からの引用だ。どの店も音がよかった。やかましく鍋と何かがぶつかる音がする店はひとつもなかった。料理人はみんな食材を撫でるように接していた。鍋に優しかったし、道具に優しかったし、皿に優しかった。いい音をさせていた。その音と一緒に作った。聴いたこと、感じたこと、見たこと。そのすべてを文章という料理にした。

カメラマンの星川洋助さんは、音を画にしていた。対象に、投げかけ、くらいつき、笑った。だから、写真の中で、音が鳴っている。そして、よく忘れものをした。その店に忘れものを取りに行って、また何かを食べていた。たぶん、忘れもののの余韻も音になり、画に宿っている。

デザイナーの山城絵里砂さんとは、まだお会いしたことがないが、山城さんが、きくらげとたまごのアイコンを創ってくれたから、この本は存在している。いつも、あのかたち、あの色をこころに抱きながら、言葉を紡いだ。

秋山まりえさんは、自分にとってワインの師匠だ。まりえさんは自分なりにワインを選び料理に合わせることを〝マリエージュ〟と呼んでいる。そんなふうに、この本でも、どこにもないオリジナルなマリアージュを創りたくてお招きした。楽曲で言えばフィーチャリング。

小林くんとは長い付き合いで、いつもわがままさせてもらっている。だが、今回ほど贅沢なわがままもなかった。悔いが残らないように、とことんわがままを言った。積み重ねた末の新しいわがまま。

玉子区木耳町内会という名前には、作り手と食べ手、表方と裏方、すべての境界線がなくなり、共に飲食の世界を創り上げる、そんな願いが込められている。料理を作る人たちは、みんな美味しいものを作ろうとしている。美味しいものは、美味しくいただきたい。美味しくいただくための一助に本書がなりますように。「タク飯」の主人公・八巻が言うように、あなたが、きくらげたまごに〝呼ばれ〟ますように。

東京が好きだ。東京の中華が好きだ。その料理があるところは全部、玉子区であり木耳町なのだと想う。

ごちそうさまでした。

そして。

いただきます。

相田冬二（玉子区木耳町内会）

KIKURAGETAMAGO STAFF

玉子区木耳町内会

相田冬二

書き手・食べ手。ライターであることを伏せたまま「tsuyoshi」の名で食べログレビュアーとして活動していた時期がある。中でも『すきやばし次郎』のレビュー【風立ちぬ。】は〝食べログ文学〟としてネットで話題になった。他レビューも、テレビ番組で何度か部分引用されている。雑誌「シネマスクエア」の【相田冬二のシネマリアージュ】、ネット「通販生活」の【相田冬二さんのドラマ批評】、ワイン専門誌「ワイナート」などで連載中。２０２３年は映画「日の丸〜寺山修司40年目の挑発〜」「ひとりぼっちじゃない」などの劇場用パンフレットにも寄稿。２０２０年４月より、ｚｏｏｍトークイベント【相田冬二、映画×俳優を語る。】をスタート。２０２２年に通算２００回を突破した。

小林淳一

編み手。ぴあ株式会社で「ＴＶぴあ」「ぴあ」の編集を経て、「Invitation」編集長を担当。同誌にて連載担当した「グルメ・セレブリティーズ」（大谷浩己・著）は後に書籍化された。ぴあ退社後、グルメ&カルチャー雑誌「東京カレンダー」編集長を務める。相田冬二との共著に「ＳＭＡＰとは何だったのか？」（ブックリスタ）、共著書に「相米慎二という未来」（東京ニュース通信社）がある。手がけた書籍に「雲の向こう、約束の場所　新海誠２０００－２００２」「作家主義　レオス・カラックス　アートシアター１９９８×２０２２」など多数。現在は、フリーで活動しつつ、カルチャーサイト「ＡＰＥＯＰＬＥ」編集長を務める。

星川洋助

撮り手。ポートレート、ドキュメンタリー、広告を主に活躍中。人を、街を、食を撮り続けている。

編集協力　草刈勝／小林千寿

町中華《まちちゅうか》の宝石《ほうせき》

きくらげたまご

第一刷　二〇二三年三月三一日

編　玉子区木耳町内会

発行者　菊地克英

発行　株式会社東京ニュース通信社
〒一〇四-八四一五
東京都中央区銀座七-一六-三
TEL　〇三-六三六七-八〇二三

発売　株式会社講談社
〒一一二-八〇〇一
東京都文京区音羽二-一二-二一
TEL　〇三-五三九五-三六〇六

印刷・製本　株式会社シナノ

ISBN978-4-06-531900-0